BURGHARD BARTOS

ABENTEUER GREENPEACE

TATEN STATT WARTEN

UEBERREUTER

CIP-Titelaufnahme der Deutschen Bibliothek

Bartos, Burghard:
Abenteuer Greenpeace : Taten statt Warten / Burghard Bartos. –
Wien : Ueberreuter, 1989
ISBN 3-8000-1445-9

Sämtliche Fotos und abgebildete Aufkleber wurden von Greenpeace zur Verfügung gestellt.
Autor und Verlag danken Greenpeace und folgenden Fotografen
für die Abdrucksgenehmigung:
Dorreboom (S. 54, 68), Lange (S. 58), McTaggart (S. 35), Perez (S. 76), Rajau (S. 61), Rinehart (S. 44),
Vennemann (S. 37, 66, 67), Wegler (S. 9), Westerling (S. 64).

J 1730/1
Alle Rechte vorbehalten
Umschlag von Atelier Graupner & Partner, München,
unter Verwendung einer Illustration von Erich Ballinger
Illustrationen von Erich Ballinger
Copyright © 1989 by Verlag Carl Ueberreuter, Wien
Gesamtherstellung: Carl Ueberreuter Druckerei Ges.m.b.H., Korneuburg
Printed in Austria

Inhalt

DAS ERSTE KAPITEL

in dem erzählt wird, wie alles angefangen hat,
von einem alten Fischkutter in stürmischer See,
von einer neuen Sonne tief unten in der Erde und davon,
wie doch noch alles gutgegangen ist

Sie saßen alle zusammen um den Küchentisch. Sie saßen zusammen, weil sie Angst hatten, Angst vor der Bombe.

»Dort oben auf der Insel Amchitka geht eine verdammte Bombe nach der anderen hoch. Wir müssen irgendwas dagegen tun.«

»Kann mir vielleicht mal jemand sagen, was wir gegen die amerikanische Militärbehörde und gegen Atombomben tun sollen?« Die kleine Gruppe von Kriegsgegnern und Umweltschützern saß schon seit Stunden um den Küchentisch.

»Wenn die Bombe ein Seebeben auslöst, dann gibt das eine Flutwelle, die spült unsere ganze Küste weg. Und wir sitzen inzwischen da und sind völlig machtlos.«

»Natürlich sind wir machtlos, wie willst du denn eine Atombombe aufhalten!«

Und auf einmal sagte Marie Bohlen: »Und warum setzen wir uns nicht in ein Boot, schippern rüber nach Amchitka und ankern genau neben dieser Bombe?«

Stille, keiner sagte einen Ton. Dann klingelte das Telefon; ein Fernsehreporter war dran und fragte, ob das Komitee schon irgend etwas beschlossen hätte. »Ja, und ob«, sagte Jim Bohlen, »wir mieten uns ein Schiff und fahren nach Amchitka, genau zur Bombe.« Dabei warf er seiner Frau einen langen Blick zu.

Sie saßen noch stundenlang zusammen in der Küche und redeten. Als sie endlich auseinandergingen, machte einer aus Zeige- und Mittelfinger das V-Zeichen und sagte: »Peace« – Frieden. Er tat das bei jeder Gelegenheit. Da sagte der Jüngste aus der Gruppe: »Make it a *green* peace« – nenn es einen *grünen* Frieden.

Das war das Stichwort: Greenpeace – grüner Frieden, das war Umweltschutz und Abrüstung in einem Wort. Einstimmig faßten alle den Beschluß: Wenn sich ein Boot fand, um damit nach Amchitka zu fahren, dann sollte es *Greenpeace* heißen.

So fing es an mit Greenpeace, im Jahr 1969 in einer Wohnküche in Vancouver, an der Westküste von Kanada.

Es dauerte noch ganze zwei Jahre, bis die Gruppe genug Geld gesammelt hatte und bis ein Schiff gefunden war. Denn die Schiffer erklärten Jim Bohlen allesamt für verrückt, wenn er erzählte, wozu er das Schiff brauchte. Jeder sagte: »Ich soll mit euch nach Amchitka fahren, um die Atombombe zu stoppen? Ihr seid vielleicht verrückt genug dazu, aber ich nicht. Such dir einen anderen Wahnsinnigen.«

Jim Bohlen fand ihn. Er war hoch verschuldet, auf einem Auge blind, hatte nur noch acht Finger und war nicht mehr der Jüngste. Aber dieser John Cormack war Eigner eines Kutters von fünfundzwanzig Metern Länge. Vor dreißig Jahren hatte er das Schiff nach seiner Ehefrau *Phyllis Cormack* genannt; heute sah der Kutter genauso angeschlagen aus wie sein Kapitän. Aber die *Phyllis Cormack* war weit und breit das einzige Schiff, das zu haben war.

Im Herbst 1971 sollte wieder eine Bombe auf Amchitka gezündet werden. Sie hatte den Namen *Cannikin* bekommen und besaß fünf Megatonnen Sprengkraft. Man kann sich ihre Stärke kaum vorstellen, denn *Cannikin* war 250mal stärker als die Atombombe, die aus der japanischen Stadt Hiroshima in ein paar Sekunden einen rauchenden Trümmerhaufen gemacht hatte mit 200 000 Toten.

Im September 1971 lief die *Phyllis Cormack* aus dem Hafen von Vancouver mit Kurs auf die Aleuten. In großen Buchstaben war auf ihrem Segel das Wort GREENPEACE zu lesen. Mit zehn Knoten Höchstgeschwindigkeit kämpfte sie sich durch den aufgewühlten Golf von Alaska. Der Kutter taumelte von einem Wellental zum anderen, schlingerte und bohrte sich stampfend in die nächste Welle hinein. Den sechs Greenpeacern an Bord und den vier Journalisten war speiübel, nur John Cormack und sein Maschinist aßen mit gesundem Appetit. Auch an Schlaf war nicht zu denken, die Besatzung lag nur verkrampft in den Kojen, hin und her geworfen bei Tag und Nacht, bis alle Muskeln schmerzten.

Als endlich die Aleuten in Sicht kamen, hörten die Greenpeacer im Radio die Nachricht: »Der Test *Cannikin* wird voraussichtlich bis Anfang November verschoben.« Bis November!

Bis dahin war gar nicht genug Verpflegung an Bord, und das Dieselöl für die Maschine reichte auch nicht. Also lief die *Phyllis Cor-*

Die instandgesetzte Phyllis Cormack fährt noch viele Jahre für Greenpeace.

mack den nächsten Hafen an, eine seichte Bucht der Akutan-Insel. Der Anker rauschte auf Grund. Kein Stampfen mehr, kein Schlingern, das Schiff lag still.

Die vier Journalisten wollten sofort ihren Bericht durchtelefonieren. Aber das war gar nicht so einfach, denn es gab auf der Insel nur ein Telefon für hundertzwanzig Einwohner. Dafür erfuhr die Besatzung, daß es mittlerweile in Kanada und in Amerika Protestaktionen gegen die Bombe ge-

geben hatte. Wissenschaftler hatten an die Regierung geschrieben, Grenzen wurden besetzt, und die kanadische Vereinigungskirche forderte ihre Gläubigen auf, für die *Phyllis Cormack* zu beten.

Als die *Phyllis Cormack* ein paar Tage später wieder aus dem Hafen auslaufen wollte, rief der Kapitän von der Brücke: »'n Küstenwachboot hält auf uns zu.« Es gab kein Entkommen, das Küstenwachboot war dreimal schneller als der alte Fischkutter. Der Kommandant kam an Bord. Die Besatzung der *Phyllis Cormack* hätte eine Zollbestimmung verletzt, sagte er, und sollte 5 000 Dollar Strafe zahlen. »Sonst muß ich das Schiff beschlagnahmen.«

Wohl oder übel lichtete die *Phyllis Cormack* den Anker und nahm Kurs aufs Festland, zur nächsten Zollstation. Dort sagten die Zöllner, sie müßten erst die Entscheidung der obersten Zollbehörde von Alaska abwarten.

Also wartete die Besatzung der *Phyllis Cormack,* tagelang erst, dann wochenlang. Sie saßen an Bord und redeten.

»Wir müssen bleiben und unter allen Umständen versuchen, den Atombombentest zu verhindern, wo wir schon mal hier sind«, sagten die einen. »Nein, das Wetter wird zu rauh, bald ziehen die ersten Winterstürme auf. Wir müssen aufgeben«, sagten die anderen.

Mitte Oktober gaben sie auf. Die *Phyllis Cormack* tuckerte einfach aus dem Hafen auf die Kodiak-Inseln zu, zurück zum Festland. Als die Zollbeamten das sahen, war keine Rede mehr von Strafe oder Geld. Sie hatten das Schiff nur vom Testgelände fernhalten wollen.

Obwohl es nicht so aussah, war das der erste Erfolg. In jedem Hafen an der Küste wurde die *Phyllis Cormack* begeistert begrüßt. »Danke, Greenpeace« stand auf Plakaten, überall standen Menschen auf den Kaimauern in den Häfen, winkten und riefen durcheinander.

Und zwei Kanadier hatten gegen die Atombombe *Cannikin* 180 000 Unterschriften gesammelt. Sie schickten die Liste als das längste Telegramm der Welt an den amerikanischen Präsidenten Nixon.

Dann überstürzten sich die Ereignisse. Als die *Phyllis Cormack* den Hafen von Vancouver fast wieder erreicht hatte, fing sie zwei Nachrichten auf. Die eine kam aus dem Radio: Präsident Nixon wollte die Bombe am 4. November zünden lassen. Nur noch neun Tage – das traf die abgekämpften Männer hart. Die *Phyllis Cormack* hatte also nichts erreicht.

Aber dann kam die andere Nachricht, über Funk: Greenpeace hatte ein zweites Schiff gefunden, einen fünfzig Meter langen, schnellen Minenräumer, die *Edgewater Fortune.* Jetzt hieß sie *Greenpeace II.*

Drei Tage später tauchte die *Greenpeace II* neben der *Phyllis Cormack* aus dem Nebel auf wie ein Ozeanriese. Sie übernahm vier Mann von deren Besatzung. Dann ging sie auf Kurs Amchitka. Alle Kraft voraus!

Die behäbigen Schiffsmotoren donnerten los, vierhundert Liter Diesel preßten die Einspritzpumpen in jeder Stunde in die Maschine. Bei ruhigem Wetter wäre die *Greenpeace II* damit zweiundzwanzig Knoten schnell gewesen, aber in der schweren See machte sie kaum Fahrt. Der Minenräumer war nicht für die hohe See gebaut.

Bald mußte neues Treiböl gebunkert werden. Die *Greenpeace II* lief also einen Hafen an und fuhr dann auf einem Umweg weiter, um dem schlechten Wetter aus dem Weg zu gehen. In Juneau, nach einem Viertel des Weges, mußte sie noch einmal auftanken. Dann ging die Fahrt wieder nach Westen auf die offene See, Kurs Amchitka, Kurs *Cannikin*.

Und das Wetter wurde besser, die See beruhigte sich. Die *Greenpeace II* jagte mit Höchstfahrt auf die Bombe zu. Die Motoren ließen das ganze Schiff erzittern, fraßen eine Tonne Dieselöl nach der anderen. Und obwohl die Besatzung kaum noch genug Geld hatte, um dem Kapitän auch nur den Sprit zu bezahlen, stieg die Stimmung.

Über Amchitka tobte ein schwerer Sturm, deshalb ließ sich auch die Bombe nicht zünden.

Inzwischen befaßte sich sogar der Oberste Gerichtshof der USA mit der Bombe *Cannikin*. Durfte sie zu Forschungszwecken gezündet werden, oder war das Risiko zu groß? Was war mit der Flutwelle? Was mit der radioaktiven Strahlung? Endlich entschied das Gericht – mit vier zu drei Stimmen: Die Bombe durfte gezündet werden. Es war der 5. November.

Frühmorgens am 6. November jagten Armeewagen zum Testgelände auf Amchitka, um die Bombe *Cannikin* scharfzumachen, denn Hubschrauber konnten bei dem Sturm nicht mehr starten. Der Wind wehte

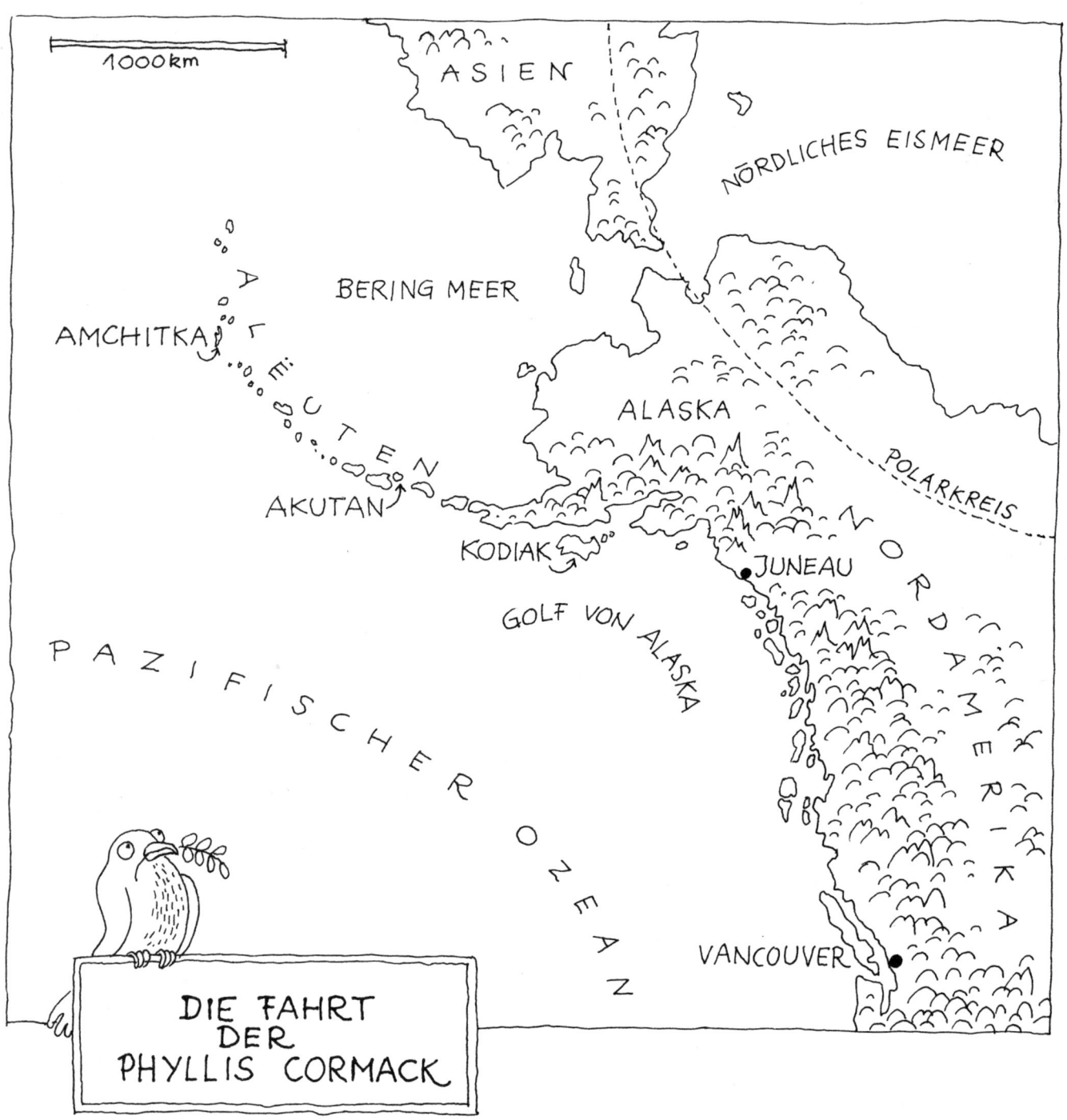

DIE FAHRT DER PHYLLIS CORMACK

mit Stärke zwölf. Abends jagten die Wagen wieder zurück, die Männer rannten in ihren Betonbunker. Der Chef der amerikanischen Atomenergiekommission hatte sogar seine Familie mitgebracht, damit jeder sehen sollte, wie ungefährlich so ein Versuch war.

Um elf Uhr nachts wurde die Bombe gezündet. Es war wie die Erschaffung der Sonne. Ein grellweißer Lichtblitz zuerst, dann eine ungeheure Hitzewelle. Die Insel Amchitka bockte und schüttelte sich. Tief unten schmolz die Bombe *Cannikin* eine riesige Höhle in den Felssockel der Insel. Dann wurde es wieder ruhig. Und ein paar Minuten später konnte alle Welt im Radio hören, der Atomversuch sei planmäßig verlaufen.

Nur einige Seeadler und Wanderfalken wurden getötet, denn der erste Ruck der Erschütterung hatte ihnen die eigenen Beine wie tödliche Dolche in den Leib gestoßen.

Und Tausende von Seeottern ertranken, als ihnen die Explosion das Trommelfell zerriß. Wochenlang spülte das Meer noch ihre Körper ans Ufer. Mehr – nein, mehr war nicht geschehen.

Auf der *Greenpeace II* hatte die Besatzung nicht einmal etwas gemerkt, sie war noch siebenhundert Meilen von Amchitka entfernt. Es gab kein Seebeben, es gab keine große Flutwelle, nicht einmal radioaktive Strahlung war um die Insel Amchitka herum zu messen.

Was hatte die Besatzung der *Greenpeace II* erreicht? Eigentlich gar nichts, denn sie hatte den Atombombenversuch nicht verhindern können. Und die Bombe *Cannikin* hatte Kanadas Westküste nicht zerstört, wie befürchtet.

Trotz alledem gab die amerikanische Atomenergiekommission ein Vierteljahr später bekannt, das Testgelände werde 1972 aufgegeben. Warum sie sich dazu entschlossen hat, weiß man nicht. Und warum ausgerechnet die kaputtgebombte, radioaktiv verseuchte Insel später zum Naturschutzgebiet erklärt wurde, weiß man auch nicht.

DAS ZWEITE KAPITEL

in dem von einem gefährlichen Plan erzählt wird,
von einer Segeljacht und einem Ballon am Himmel,
von Jäger und Gejagten und von dem Mut,
immer wieder das Richtige zu tun

»Haben Sie den Artikel hier gelesen über diese kanadische Gruppe? Die wollen Frankreichs Atombombenversuche in der Südsee stoppen.« Gene Horne tippte mit dem Finger auf seine Zeitung; er war Bauunternehmer wie David McTaggart, und dazu ein ausgezeichneter Seemann.

»Nein«, sagte David McTaggart, »hab ich nicht. Wie heißen die denn?« Er sah nicht einmal hin.

»Irgend etwas mit Green – ja, hier steht es: Greenpeace. Sie suchen nur noch ein stabiles Schiff, dann wollen sie damit zum Mururoa-Atoll segeln, direkt ins Testgelände der Franzosen. Sie sind doch selber Kanadier, das muß Sie doch interessieren.«

McTaggart ging zum Bücherregal und holte einen großen Atlas; er schlug ihn auf. »Hier ist Mururoa«, er zeigte mit dem Finger darauf. »Von hier aus in Neuseeland sind es mehr als dreitausend Seemeilen, hin und zurück etwa siebentausend. Das bedeutet mindestens ein Vierteljahr auf See. Die wissen ja überhaupt nicht, worauf sie sich da einlassen, diese Leute von . . . von Greenpeace.«

Und dann hatte David McTaggart einen Gedanken. Er dachte ihn nur so aus Versehen, aber er sollte sein Leben umkrempeln. Er dachte daran, was man wohl auf so eine Fahrt alles mitnehmen müßte. Und er dachte daran, daß man für so eine Fahrt eine tüchtige Jacht brauchte. Er selber besaß so eine Jacht.

Bis zu diesem Tag hatte David McTaggart geglaubt, Proteste und Demonstrationen seien etwas für Anarchisten und junge Leute, aber doch nicht für ihn. Schließlich war er Geschäftsmann und neununddreißig Jahre alt. Aber was die Franzosen da in der Südsee machten, »das ist ein bißchen stark«, hatte Gene Horne gesagt, und David McTaggart war genau derselben Meinung.

Eine französische Atombombe nach der anderen wurde gezündet, jeder Test setzte tödliche Strahlung frei und ließ radioaktiven Staub ins Meer sinken, wenn der Staub nicht sogar in andere Länder abgetrieben wurde. Und auch in diesen Ländern waren die Menschen gefährdet – Menschen, die das Recht haben sollten, ohne Strahlung und ohne Krebsgefahr zu leben und gesunde Kinder zu bekommen.

Und dann war da noch die Sache mit dem Hoheitsgebiet. Alle Staaten hatten sich geeinigt, daß ihre Landesgrenzen zwölf Meilen weit ins Meer hineinreichten. Dahinter aber beginnt die »Freiheit der Meere«, denn das Meer gehört allen zugleich.

Frankreich beanspruchte nicht zwölf Seemeilen rund um die Insel Mururoa, sondern gleich zweihundert. Es gab kein Gesetz, das Frankreich so etwas erlaubte; aber es gab auch niemanden, der dagegen protestiert hätte, bisher jedenfalls.

David McTaggart dachte sich die Sache so: Wenn man hineinfuhr in diesen 200-Meilen-Gürtel, dann durften die Franzosen nichts dagegen unternehmen. Denn ein Schiff zu besetzen in internationalen Gewässern, das wäre vor jedem Seegericht glatte Piraterie. Wenn aber jemand bis auf zwölf Meilen an die Insel herankam, dann konnten die Franzosen ihre Atombombe nicht zünden. Denn das wäre glatter Mord. Es konnte also so lange nichts geschehen, wie Frankreich sich an die Gesetze hielt; das eben war der kitzlige Punkt.

Die Leute von Greenpeace waren hoch erfreut, als David McTaggart anrief und ihnen sein Schiff anbot. Er war überhaupt der einzige Schiffseigner, der sich gemeldet hatte. Und damit war die Sache klar, er würde selber nach Mururoa segeln, zusammen mit einigen Freiwilligen.

Jetzt ging es in höchster Eile an die Vorbereitungen, denn die *Vega* mußte seeklar gemacht werden für die lange Reise. Zusatztanks für Wasser und Dieselöl wurden eingebaut, Boot und Ausrüstung überprüft, der Motor durchgesehen. Und der Rumpf bekam einen neuen Farbanstrich.

Als bekannt wurde, was David McTaggart vorhatte, kamen auch die ersten Geldspenden und freiwillige Helfer. Einer von ihnen pinselte gerade *Greenpeace III* auf den Rumpf der *Vega*, da erschien die Behörde und versuchte, die Abfahrt der *Vega* zu verhindern.

Ein Trupp Zöllner stiefelte mit einem Durchsuchungsbefehl an Bord, kehrte das Unterste zuoberst und hatte endlich etwas gefunden. Ruckzuck saß David McTaggart wegen eines Zollvergehens im Gefängnis. So weit reichte also Frankreichs langer Arm, bis in den Hafen von Auckland in Neuseeland.

Aber die Vorbereitungen für die Abfahrt gingen weiter. Ben Metcalfe kam aus Kanada geflogen, er sollte als Mitglied von Greenpeace die Fahrt begleiten.

Mitten in der Nacht wurde David McTaggart von den Wärtern heimlich aus dem Gefängnis entlassen. Die Menschen standen hinter Greenpeace, nur die Behörden machten Schwierigkeiten, wo sie konnten. Und deshalb verschwanden die Männer von der *Vega* bei Nacht und Nebel aus dem Hafen von Auckland und machten sich mit dem Schiff, auf dessen Segel jetzt *Greenpeace III* stand, auf den weiten Weg nach Mururoa. Außer David McTaggart waren noch Grant Davidson und Nigel Ingram an Bord, Roger und der Journalist Ben Metcalfe von Greenpeace.

In den ersten Tagen jagte die *Vega* nur so dahin. Ihr Bug krachte in die fünf Meter hohen Wellen, die Masten legten sich stark über in den schweren Böen. Aber obwohl die Jacht randvoll geladen war – sogar in der Toilette stapelten sich noch die Konserven –, kam sie jeden Tag hundertachtzig Seemeilen voran.

Die einzige Zwischenstation war die Insel Rarotonga. Kaum war die *Vega* in den Hafen eingelaufen, donnerte ein gigantischer Sturm los. Trotz der drei Anker und aller Leinen drohte das Schiff jeden Augenblick ans Ufer geworfen zu werden. Obendrein bekam die ganze Mannschaft Tropenfieber und mußte ins Krankenhaus.

Und es kamen schlechte Nachrichten. Frankreich stellte Neuseeland einen Kredit von 75 Millionen Francs in Aussicht. Es sah so aus, als wollte die französische Regierung sich Neuseelands Wohlwollen für ihre Atombombenversuche erkaufen. Bei jedem Atombombenversuch entstand radioaktive Strahlung, sie wurde entweder nach Neuseeland oder nach Peru getrieben. Und Peru hatte bereits einen französischen Kredit.

Damit aber nicht genug. In den Zeitungen stand die Meldung, die *Vega* sollte nur ein Ablenkungsmanöver fahren; in Wirklichkeit würde sich ein Schiff aus Peru in den 200-Meilen-Gürtel einschleichen. Ben Metcalfe von Greenpeace schien darüber etwas zu wissen, gab aber keine Auskunft. »Ich kann euch nichts darüber sagen, es muß geheim bleiben«, mehr war nicht aus ihm herauszubringen, »und außerdem muß ich nach Peru fliegen, die Flugkarte hab ich schon gekauft.«

Auch Roger mußte von Bord gehen, das Tropenfieber hatte ihn zu schwer erwischt. Er stand einsam und verlassen mit seinen Seesäcken am Ufer und winkte mühsam, als die *Vega* ihre Fahrt ins Ungewisse wieder aufnahm. Ein dickes Büschel Bananen hing an ihrem Mast, und der Pazifische Ozean arbeitete mit langen, ruhigen Wellen vor sich hin. Und irgendwo dort hinten am Horizont machten sich die französischen Techniker an der Atombombe zu schaffen.

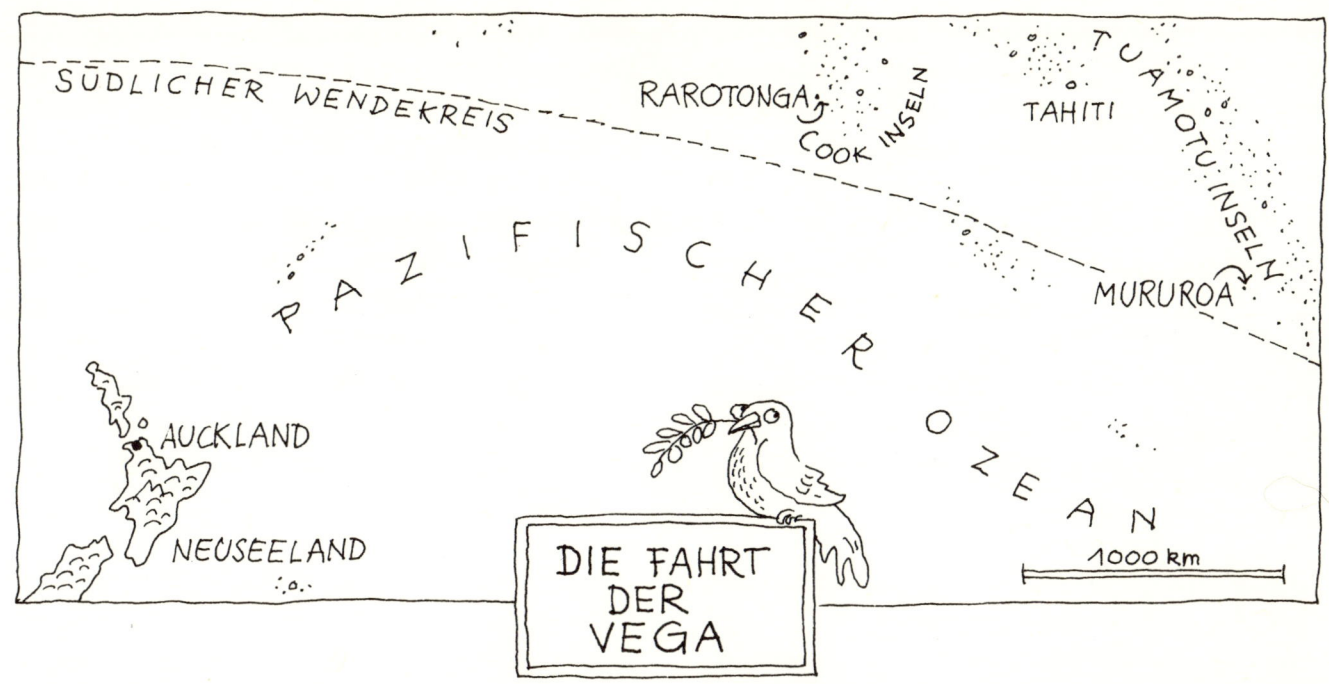

DIE FAHRT DER VEGA

Am 1. Juni 1972 fuhr die *Vega* über die unsichtbare Grenze, die Frankreich ohne jedes Recht um die Insel Mururoa gezogen hatte. Und obwohl die drei Männer schon vier Wochen auf hoher See waren, wußten sie, daß der gefährliche Teil ihrer Reise erst jetzt begann.

Am nächsten Morgen dröhnte ein Flugzeug dicht über dem Wasser auf die *Vega* zu, zog eine Schleife und kam zurück. »Na schön«, sagte David McTaggart, »nun wissen sie, daß wir da sind.« Er saß mit Grant und Nigel gerade beim Frühstück.

Aber die Franzosen wußten es schon lange, obwohl die *Vega* über Funk immer wieder ihre Position falsch angegeben hatte. Die dreizehn Meter lange Jacht war nur ein

winziger Punkt im Pazifik, aber sie war auch ein Punkt auf den Radarschirmen der französischen Pazifik-Flotte mit ihren zwanzig Schiffen.

Die drei Männer segelten die *Vega* bis auf zwanzig Seemeilen an Mururoa heran; erst bei zwölf Seemeilen wurde es gefährlich. Dann durften die Franzosen die kleine Jacht beschlagnahmen. Und die Franzosen würden gut aufpassen, da waren die drei Männer ganz sicher.

Jetzt begann eine kräftezehrende Zeit für die Besatzung der *Vega*. Mit gerefften Segeln torkelte das Schiff auf den Wellen; Tag und Nacht gab es keinen Moment mehr, in dem die Männer sich nicht festhal-

Die Vega

Die *Vega* hielt sich immer an der windabgewandten Seite der Insel. Dort trieb der Wind sie nicht aufs Ufer zu.

Immer wieder versuchte die *Vega,* jemanden über Funk zu erreichen. Unter vielen Störungen war manchmal ein belgisches Handelsschiff zu empfangen, aber man konnte fast nichts verstehen. David McTaggart gab die Position der *Vega* durch und sagte, der Proviant reiche noch fünf Wochen, so lange wollten sie auch bleiben.

Doch das Handelsschiff war kein Handelsschiff. Es war der französische Kreuzer *De Grasse.* Und so erfuhr Admiral Claverie, wie lange die *Vega* noch im Versuchsgebiet bleiben wollte. Fünf Wochen also, und jeder Tag Verzögerung kostete Frankreich ungeheures Geld.

Am 16. Juni kletterte David McTaggart nach dem Abendbrot an Deck. Noch immer waren keine Schiffe am Horizont zu sehen, keine französischen Schiffe und andere auch nicht.

Er sah nach Mururoa hinüber, nach Westen, wo die Sonne hinter roten und purpurnen Wolken unterging. Auf einmal entdeckte er über der Insel einen kleinen, schwarzen Punkt. David McTaggart stürzte unter Deck nach dem Fernglas, hastete wieder hinauf. Er suchte nach einem Halt, setzte das Glas an die Augen und blinzelte gegen die Abendsonne. Dann

ten mußten, selbst in ihren Kojen wurden sie so herumgeworfen, daß sie beim Aufstehen jeden Knochen spürten.

Nachts setzten sie Positionslaternen und einen Radarreflektor, um nicht über den Haufen gefahren zu werden. Dann ließen sie die *Vega* treiben. Und am Morgen kreuzten sie gegen Sturm und Wellen wieder bis auf zwanzig Seemeilen an Mururoa heran. Nur um in der nächsten Nacht wieder abgetrieben zu werden.

hatte er den Punkt gefunden. Beinahe hätte er das Fernglas fallengelassen.

»Es ist ein Ballon!« rief er unter Deck. »Ein großer Ballon!« Nigel und Grant standen schon neben ihm. Und David McTaggart hörte sich sagen: »Sie wollen die gottverdammte Bombe also zünden. Sie wollen es wirklich tun.« Unwillkürlich gingen die Männer auf dem Boot einen Schritt zurück. »Wenn man den Ballon sehen kann, an dem die Bombe hängt«, hatte ein Wissenschaftler in Neuseeland gesagt, »wenn man den Ballon sehen kann, dann ist man zu nahe dran.«

Tag und Nacht hing der Ballon über der Insel. Jeden Augenblick konnte er aufblitzen in brennendweißem Licht, jeden Augenblick konnte die Bombe gezündet werden, ihre ungeheure Druckwelle aussenden, ihre tödliche Strahlung. Und der Wind würde den verseuchten Staub vor sich her treiben, direkt auf die *Vega* zu.

Tagelang ließ sich kein französisches Schiff blicken. Die Männer auf der *Vega* beschlossen, jeden Tag noch näher an die Insel heranzusegeln, bis auf fünfzehn oder sechzehn Meilen. Sie kamen so nahe, daß sie unter dem Ballon einen Gegenstand erkennen konnten. Ob das die Bombe war? »Schon möglich«, sagte Nigel, »schon möglich.«

Am übernächsten Tag erschien das erste Schiff. Es war der französische Minenräumer *La Bayonnaise*. Er kam auf Sichtweite heran und beobachtete die *Vega*, die außerhalb der Zwölfmeilenzone auf den Wellen tanzte. In ihrem Heck flatterte die kanadische Flagge im Sturm, ein rotes Ahornblatt auf weißem Grund. Tag und Nacht wurden die drei Männer von dem Kriegsschiff bewacht. Und über ihnen am Himmel hing die Bombe.

Eines Morgens riß ein Megaphon die Männer aus dem Schlaf. »*Greenpeace III! Greenpeace III!* Wir haben einen Brief für Sie.« Neben der ewig schwankenden *Vega* stand himmelhoch die Bordwand des Kriegsschiffes. Zwei Matrosen ließen ein kleines Schlauchboot zu Wasser, ein Offizier kletterte hinein. Der Motor im Heck stieß eine kleine, blaue Wolke aus, dann kam das Schlauchboot heran. Der Offizier übergab schweigend den Brief.

Darin stand zu lesen, am 20. Juni werde ein Kernwaffenversuch auf Mururoa durchgeführt. Alle Schiffsführer wurden aufgefordert, sich aus dem Gefahrengebiet zu entfernen.

Die drei Männer berieten. Dann setzte die *Vega* Segel und nahm Fahrt auf, Kurs Mururoa. Der Kampf hatte begonnen, es gab kein Zurück mehr.

Im selben Augenblick erschien dicht vor dem Bug der *Vega* ein großer, weißer Delphin. Für die Eingeborenen der Südsee war er zu allen Zeiten ein gutes Vorzeichen gewesen. Auch der Delphin schwamm auf die Insel zu.

Gegen Mittag waren die drei Männer wieder so nahe bei der Insel, daß sie den Ballon sehen konnten. Sie drehten die Nase der *Vega* in den Wind, und David McTaggart ging unter Deck und schrieb eine Antwort an den befehlshabenden Admiral. Er legte auch ein Gutachten der Universität Auckland bei; darin wurde das Recht bestätigt, internationale Gewässer ungehindert befahren zu dürfen. Und dieses Recht, schrieb er, wolle die *Vega* so lange wie möglich durchsetzen.

Wieder setzte das Kriegsschiff ein Schlauchboot aus, ein Matrose nahm den Brief an und übergab einen anderen. Diesmal hatte Admiral Claverie selber geschrieben. Er wies der *Vega* »zu ihrer Sicherheit« einen neuen Standort an. Nigel Ingram, der englische Navigationsoffizier, nahm die Seekarte. »Wenn wir wirklich dahin segeln, wo der Admiral uns haben möchte«, sagte er und zeigte auf die Karte, »dann haben wir die allerbesten Chancen, ins Hoheitsgebiet Frankreichs abgetrieben zu werden.«
»Und dort beschlagnahmen sie unser Boot, da kannst du sicher sein«, sagte Grant Davidson. Der Brief war eine glatte Falle.
Die *Vega* rührte sich nicht vom Fleck. Und die drei Männer sahen nach ihren Pässen und tauschten die Adressen ihrer Eltern aus – für alle Fälle.

Am nächsten Morgen war Grant als erster an Deck. »Verdammt! Ein großes Schiff kommt direkt auf uns zu!« schrie er nach unten. Dann sprang er zu seiner Koje, um sich wenigstens eine Hose anzuziehen.
Der Kreuzer kam näher, wurde immer größer, riesengroß. Vom Deck herunter drohten die schweren Schiffsgeschütze, drinnen im Rumpf dröhnten die Motoren. *De Grasse* stand an der Bordwand; es war das Flaggschiff, Admiral Claveries Schiff.
Dann tauchten am Horizont noch zwei Schiffe auf. Hastig setzten die drei Männer Segel. Nigel ging ans Ruder, er hatte jahrelang Regatten gesegelt. Er wußte, daß jedes Motorschiff einem Segelschiff freie Fahrt geben muß, aber er wußte auch, daß es das Recht des Stärkeren gab.
Als der Kreuzer an der *Vega* vorüber war, wendete Nigel in die Gegenrichtung, auf Mururoa zu. Sofort dröhnten die schweren Schiffsmotoren auf, das riesige Kriegsschiff drehte wie auf dem Teller und donnerte auf gleichem Kurs an der *Vega* vorbei. Dann legte sich der zweihundert Meter lange Schiffsrumpf quer vor die *Vega*, versperrte ihr den Weg; Abstand höchstens fünfzig Meter. So schnell konnte die *Vega* gar nicht beidrehen, sie mußte an den stählernen Rumpf knallen.
»Den Motor, schnell!« schrie David, nahm die Ruderpinne und riß sie herum. Der Motor kam sofort auf Touren, aber immer noch rückte die Bordwand näher; drei Männer in einem Holzschiff gegen Panzerplatten. Sie hätten schon danach greifen können – dann war die *Vega* herum, bekam

wieder Wind in die Segel. Ganz langsam entfernte sich die Bordwand.

Kaum war die *Vega* freigekommen, hielten die beiden anderen Kriegsschiffe auf sie zu. David holte die Schwimmwesten, die Männer zwängten sich hinein. Der Wind nahm immer noch zu.

Plötzlich entfernte sich der riesenhafte Kreuzer. Hatte der Admiral seinen Spaß gehabt an der Jagd? Wollte er jetzt anderen das blutige Töten überlassen?

Auf der einen Seite kam der Minenräumer *La Bayonnaise* heran. Und von der anderen Seite lief die *Hippopotame* näher, sie sah wirklich aus wie ein Flußpferd, grobschlächtig, grau und groß. Die beiden Kriegsschiffe nahmen die *Vega* regelrecht in die Zange. Bei Windstärke sieben und hohem Seegang jagte die *Vega* durch die Wellen davon. Aber dicht hinter ihr hetzten die beiden Schiffe, hoben ihren Bug drohend über die Segel der *Vega*.

Und sie zogen die Schlinge langsam zu, kamen näher und näher und näher, der eine von backbord, der andere von steuerbord. Acht oder neun Meter Abstand, das war bei diesen Wellen und diesem Wind überhaupt kein Abstand, die drei Männer im Boot wußten es. Nigel an der Ruderpinne fluchte ununterbrochen und hielt Kurs wie mit dem Lineal gezogen. »Sie wollen uns unterpflügen!« schrie Nigel. David löste ihn am Ruder ab.

Dann nahm *La Bayonnaise* mit ihrem hohen Rumpf der *Vega* den Wind aus den Segeln. Die Jacht konnte nicht mehr Kurs halten, sie trieb ab, trieb genau vor den breiten, platten Bug der *Hippopotame*. Noch einen Augenblick, dann mußte es krachen.

Im letzten Moment drehte die *Hippopotame* ab, kam haarscharf an der *Vega* und *La Bayonnaise* vorbei.

»Wir müssen abbrechen, es hat keinen Zweck mehr«, sagte David. Nigel raste unter Deck, holte eine Signalflagge herauf und machte sie gut sichtbar fest. Jeder Kapitän der Welt wußte, was dieses kleine Tuch bedeutete: »Ich bin manövrierunfähig.«

Aber schon war die Atempause vorbei, die Dieselmotoren der beiden Kriegsschiffe donnerten wieder los, schwarzer Rauch stieg aus den Schornsteinen.

David hielt genau Kurs auf Mururoa, als die *Vega* wieder in die Zange genommen wurde. Wie ein verängstigtes Karnickel lief sie zwischen ihren beiden Jägern her. Über die Bordwand von *La Bayonnaise* beugte sich ein Offizier mit rotem, aufgeregtem Gesicht. Immer wieder gab der Offizier dort oben Befehl, und sofort rückte sein Schiff wieder ein Stück näher heran.

Entweder kam die *Vega* unter den scharfen Bug von *La Bayonnaise* und wurde wie von einem Beil gespalten, oder der stumpfe, breite Bug der *Hippopotame* walzte die Jacht unter die Wellen.

So ging die Jagd durch die Südsee, eine Ewigkeit – ganze fünf Minuten.

»Gleich kracht's!« schrie Grant auf dem Vorschiff. David riß das Ruder herum. Im selben Augenblick drehten die beiden Kriegsschiffe ab, und die *Vega* schoß wie eine Kanonenkugel durch die Lücke ins Freie.

Jetzt gab es nur noch einen Ausweg. »Runter mit den Segeln!« rief David. Die Segel rauschten herunter, und auch die drei Männer ließen sich erschöpft an Deck fallen.

Würden die Franzosen kommen und das Schiff beschlagnahmen? Die *Vega* lag außerhalb der Zwölfmeilenzone. Nigel holte den Sextanten, um den Standort zu errech-nen und vielleicht vor einem Seegericht zu beweisen. Aber sofort schob sich die *Hippopotame* heran und verdeckte ihm die Sicht auf den Horizont.

Eine Zweimotorige kam heran, drehte ein paar Kreise und verschwand wieder. Dann dampfte die *Hippopotame* ab, und der Mi-nenräumer *La Bayonnaise* legte sich wieder auf die Lauer. Über Mururoa schwebte im-mer noch der Ballon mit der Bombe.

David McTaggart hatte Geburtstag, es war sein vierzigster. Von einer Feier konnte keine Rede sein. Er war müde und abge-kämpft, genauso wie Grant und Nigel. Und wie die *Vega*. Alles mögliche an ihr war an-geschlagen, beschädigt oder kaputt; das fing beim Motor an und hörte bei den Se-

23

geln auf. Aus dem Kocher lief das Petroleum aus, und die Kojen waren ständig naß von Seewasser. Das Trinkwasser wurde langsam ungenießbar, und alle Eier waren verfault. Trotzdem setzten die drei Männer jeden Morgen wieder Segel, um ihren Posten vor Mururoa zu beziehen.

Eines Morgens war *La Bayonnaise* nicht mehr allein, die *Hippopotame* kam zurück. Gemeinsam drängten sie die *Vega* ab von ihrem Kurs, zusammen mit einem Flugzeug. Es flog dicht und immer dichter über die *Vega* hin, zog Schleifen und drehte enge Kreise um die Segeljacht. Es war ein ohrenbetäubender Lärm, die drei Männer dachten, ihnen würden die Trommelfelle platzen. Minute um Minute dauerte diese Folter, mehr als anderthalb Stunden. Dann verschwanden das Flugzeug und die *Hippopotame* wieder.

Dafür tauchte ein zweiter Minenräumer auf, *La Paimpolaise*. Und es kam die Nachricht im Radio: Frankreich hatte keine Bombe gezündet, sondern nur eine Zündladung. Das war an dem Morgen gewesen, als die beiden Schiffe die *Vega* eingekesselt hatten. Und als die drei Männer abends erschöpft in ihren Kojen gelegen hatten, war wenige Meilen neben ihnen radioaktive Asche auf die Wellen gesunken.

Aber noch mehr erschreckte die drei Männer eine andere Meldung: »Nach französischen Mitteilungen hat die Jacht *Greenpeace III* das Sperrgebiet bereits vor einer Woche verlassen und ist seitdem nicht mehr gesehen worden.« Jetzt würde keiner mehr Verdacht schöpfen, wenn ein Minenräumer die *Vega* in die Wellen pflügte. »Das Erschießungskommando ist schon da«, sagte David McTaggart und sah aus dem Bullauge.

Plötzlich war es soweit. Die *Vega* segelte ihren täglichen Kurs nach Mururoa, da kam *La Paimpolaise* heran. Der Minenräumer fuhr auf Rammkurs, seine Maschinen dröhnten, und er hatte die Flagge gesetzt: »Bleiben Sie nicht auf Ihrem Kurs.« Aber die *Vega* fuhr weiter, sie fuhr für die Freiheit der Meere.

Unaufhaltsam kam der Minenräumer näher, fünfzig Meter erst, dann zwanzig, fünfzehn Meter noch. Oben auf der Brücke stand ein Offizier und winkte lachend herunter. Nigel legte hart Ruder, versuchte noch auszuweichen, aber es war schon zu spät. Die *Vega* torkelte, wurde auf die Bugwelle des Kriegsschiffes gehoben, dann knallte der scharfe Bug des Minenräumers wie eine Axt mitten in das Segelschiff hinein. Holz splitterte, Späne flogen durch die Luft, die *Vega* ächzte tief.

Jetzt fuhr der Minenräumer zurück, zog und zerrte, bis er aus den Stahlseilen und Tauen der *Vega* freikam. Dann legte er sich wieder auf die Lauer, wartete ab, ob die *Vega* sinken würde.

Genau konnte keiner sagen, warum die *Vega* nicht einfach in Stücke gegangen war.

Wasser drang ein in den Rumpf, doch weniger als erwartet. Die *Vega* schwamm noch. Aber bis zum nächsten befreundeten Hafen konnte sie nicht mehr kommen.

Die *Vega* gab Zeichen, bat den Minenräumer um Hilfe. Es dauerte Stunden, bis endlich dem Kapitän von *La Paimpolaise* klar wurde, was er getan hatte. Dann legte ein Schlauchboot drüben vom Kriegsschiff ab, und der Kapitän des Minenräumers kam selbst an Bord der kleinen Segeljacht. Ganz erschüttert entschuldigte er sich für seinen Jagdeifer, besah sich die zerschlagene Jacht aus der Nähe. Und er versicherte den Männern, er wolle sich für sie einsetzen. Sehr betreten ließ er sich zu seinem Schiff zurückbringen; und der Minenräumer warf der *Vega* ein Tau zu und schleppte sie in den Hafen von Mururoa. Dort schusterten französische Handwerker die geschundene Jacht notdürftig zusammen.

Und währenddessen empfing der Admiral Claverie, der dies alles zu verantworten hatte, die Besatzung der *Vega*. Er bewirtete die drei Männer freundlich, und ein Fotograf machte Aufnahmen von dem friedlichen Essen. Es versteht sich, daß die Zeitungen nur dieses verlogene Foto bekamen, um es abzudrucken.

Zehn Tage brauchte die *Vega* bis zur Insel Rarotonga zurück. Die drei Männer hatten keinen Pfennig mehr, und das Schiff war in einem erbärmlichen Zustand. Aber die drei waren am Leben.

Inzwischen häuften sich die Proteste gegen die französischen Atomwaffenversuche in der Südsee. Gerade die Menschen in Neuseeland, von wo die *Vega* losgesegelt war,

25

Das französische Prisenkommando an Bord der Vega

und die Menschen in Kanada, wo die *Vega* ihren Heimathafen hatte, blieben hartnäckig in ihrem Protest – so hartnäckig, daß ein Jahr später, 1973, der Internationale Gerichtshof in Den Haag den Franzosen die Atomtests verbot. »In unsere Landesverteidigung«, sagte die französische Regierung, »hat uns keiner hineinzureden!« Und sie bombten weiter.

Da machten sich mehr als ein Dutzend Schiffe auf nach Mururoa. Fünf erreichten ihr Ziel, eines war die reparierte *Vega.* David McTaggart und Nigel Ingram waren wieder an Bord, zusammen mit ihren Freundinnen.

Am 15. August funkte Nigel SOS! Obwohl die *Vega* in internationalen Gewässern fuhr, kamen französische Soldaten an Bord. Das Prisenkommando verprügelte die beiden Männer mit Schlagstöcken und beschlagnahmte die *Vega.* Es war ein glatter Piratenüberfall. Und um ein Haar hätte David McTaggart bei der Prügelei sein Augenlicht verloren, er mußte sofort ins Krankenhaus nach Tahiti gebracht werden.

Von Jahr zu Jahr gab es stärkeren Protest gegen Frankreichs überirdische Atombombenversuche. Ab 1975 bombten die Franzosen deshalb nur noch unterirdisch. Durch die insgesamt achtundvierzig Sprengungen sackte die Insel Mururoa um einen Meter ins Meer und wurde so stark zerstört, daß sie für weitere Atombombenversuche nicht mehr zu gebrauchen war.
Jetzt soll sie ein Ferienparadies werden.

David McTaggart verklagte den französischen Staat wegen Piraterie und wegen Beschädigung der *Vega.* Ein Ausländer verklagte in Frankreich den französischen Staat – das hatte es noch nicht gegeben. Das heißt, einmal doch. Aber dieser Mann war damals vor dem Prozeß plötzlich spurlos verschwunden.
Für Piraterie jedoch erklärte sich das Gericht für nicht zuständig. Und deshalb

brauchten sich Admiral Claverie und seine Offiziere auch nicht vor der Öffentlichkeit zu verantworten. Das war für die Richter der einzige Ausweg, denn auf Piraterie stand seit Napoleons Zeit in Frankreich die Todesstrafe, vollstreckt mit der Guillotine. Um die gefährliche Jagd auf die *Vega* zu beschönigen, brachte die Militärbehörde immer haarsträubendere Begründungen. Schließlich wurde es einem der Richter zuviel, und er sagte: »Aber meine Herren, halten Sie mich für einen Dummkopf? Ein Segelschiff kann doch nicht rückwärts fahren.«

David McTaggart gewann den Prozeß, Frankreich mußte ihm die Schäden an der *Vega* ersetzen.
Und im Laufe der Ermittlungen dämmerte es David McTaggart langsam, warum die kanadische Regierung, seine eigene Regierung, ihn und die *Vega* als kanadisches Schiff in keiner Weise unterstützt hatte. Frankreich kaufte Uran in Kanada, viel Uran. Und daraus macht man Atombomben, genau solche Bomben, wie sie auf der Insel Mururoa gezündet wurden.

in dem von Magie die Rede ist und von Orakeln,
aber auch von den größten Tieren der Erde,
von kleinen Schlauchbooten und einer Fabrik
mitten auf dem Meer, von Fangschiffen,
eisernen Harpunen und von Hundefutter

Eigentlich hätten die Leute von Greenpeace stolz sein können. Keine andere Gruppe hatte soviel erreicht im Kampf gegen Atombombenversuche und radioaktive Strahlung wie sie. Und das war es eben, sie hatten zuviel erreicht, jetzt traten sie auf der Stelle, es fehlten neue Ziele.

In endlosen Sitzungen wurde diskutiert. »Wir müssen wieder ein Boot nach Mururoa schicken, die Atombombenversuche gehen doch weiter.«

»Nein, ich bin vielmehr dafür, daß wir gegen das Rauchen ins Feld ziehen. Und überhaupt, hier sollte auch keiner mehr rauchen. Ein Umweltschützer qualmt nicht.«

»Ach was, wir müssen David helfen bei seinem Prozeß. Jahrelang dauert das nun schon.«

Inzwischen gab es Millionen von Menschen in aller Welt, die den Namen Greenpeace schon einmal gehört hatten. Aber gab es Greenpeace überhaupt? Es gab ein paar Leute mit einer notdürftigen Vereinssatzung; es gab einen Haufen Zettel, das war die Buchführung; es gab noch einen Haufen Zettel vom Spendenkonto, denn es kamen weiterhin Spenden. Was es nicht gab, war eine Schreibmaschine.

Dafür gab es Gruppensitzungen, eine nach der anderen, und eine dauerte immer länger als die andere. Es wurde viel geredet und nichts getan. Dafür zog der Wunderglaube ein bei Greenpeace, Heilslehren aus Indien. Ein Wanderprediger brachte tolle Ideen mit. Und der Vorsitzende von Greenpeace befragte nach dem alten Orakelbuch I Ging mit Schafgarbenstengeln die Zukunft.

Und dann kam ein gewisser Paul Spong, ein Psychologe, und erzählte von den Walen.
»Leute«, sagte er, »ich hab ja schon seit Jahren Wale erforscht. Verrückt ist bloß, daß die Wissenschaft erst jetzt rauskriegt, was für hochintelligente Tiere das sind. Erst jetzt, wo die Wale fast ausgerottet sind. Obwohl sie keiner Menschenseele jemals was getan haben, fahren die Fänger

mit riesigen Fabrikschiffen aufs Meer, schießen ihnen Harpunen in den Leib, daß sie elend dran verrecken. Und dann werden sie zerschnitten, gekocht und verarbeitet. Und wozu? Zu Leim und Bürsten und Hundefutter, zu Lippenstiften und zu Saiten für Tennisschläger.« Er war gar nicht mehr zu bremsen.
»Wale sind mit Abstand die größten und klügsten Tiere, die es gibt. Sie haben sogar eine eigene Sprache, damit verständigen sie sich unter Wasser Hunderte von Kilometern weit; wir verstehen sie bloß noch nicht. Die Wale leben in Familien zusammen und hören sogar gern Musik. Solche Tiere kann man doch nicht abschlachten, um Lippenstifte daraus zu machen oder Waschmittel

Wale leben in Familien zusammen.

oder Hundefutter. Dagegen muß doch was getan werden. Wollt ihr mal meine Fotos sehen?«

Von einem Tag auf den anderen hatte Greenpeace wieder ein Ziel vor Augen: Rettet die Wale.

Als erstes besorgten sich die Greenpeacer einen Musiker, sie wollten sich ja mit den Walen irgendwie unterhalten. Und weil sie an Magie glaubten und an Schicksal, wunderten sie sich überhaupt nicht, daß alles wie am Schnürchen lief: Kaum hatten sie daran gedacht, von ihrer Aktion einen Film zu drehen, da rief ein Filmemacher an und fragte, ob er mitfahren dürfte zu den Walen. Auch Dolmetscher, die man für die Verständigung mit den ausländischen Wal-

fängern brauchte, kamen wie von selbst. Und das größte Problem löste sich ebenfalls: Der alte John Cormack kam und stellte Greenpeace seine *Phyllis Cormack* zur Verfügung; er hatte sie frisch aufgemöbelt und eine neue Maschine einbauen lassen.

Es war nur die Frage, wo man die Walfangflotten mitten im Ozean suchen sollte. Also flog Paul Spong nach Norwegen, von wo seit Jahrhunderten die Walfangflotten auslaufen. Dort gab er sich als Walforscher aus, der »nur zu Forschungszwecken« wissen wollte, wo sich die Pottwale und damit auch die Walfänger aufhielten. Nach einigem Hin und Her bekam er endlich genaue Angaben. Und so konnte sich die *Phyllis Cormack* am 27. April 1975 auf den Weg machen.

In Japan hatte die Aktion der *Phyllis Cormack* schon Schlagzeilen in den Zeitungen gemacht, noch bevor etwas geschehen war. Denn erst in zwei Monaten sollten die Walfangflotten vor Amerikas Westküste auftauchen.

Bis dahin übten die Leute von Greenpeace. Sie hatten sich Schlauchboote gekauft, klein, schnell und unsinkbar, genau die gleichen Zodiacs, mit denen die französischen Marinesoldaten damals die *Vega* überfallen hatten. Mit diesen Schlauchbooten wollten die Greenpeacer vor die Walfangschiffe fahren – zwischen die Wale und die Harpunen.

Vierzehn Tage später sahen sie ihre ersten Wale, eine Schule von Grauwalen. Die Schlauchboote wurden eilig zu Wasser gelassen, Musiker rannten nach ihren Instrumenten, Taucher und Fotografen schrien durcheinander, Kommandos wurden gebrüllt, die Boote verhedderten sich. Ruhig schwammen die Wale weiter, sie kümmerten sich auch nicht um die Klänge aus den Unterwasserlautsprechern. Nur der Saxophonist hatte Erfolg, er drückte sein Instrument gegen die Bodenbretter des Schlauchbootes und blies wie verrückt. Da kamen die Grauwale so nahe, daß die Männer im Boot ihre Atemluft riechen konnten. »Donnerwetter, haben die aber Mundgeruch.« Darüber war man sich einig.

Einer der Wale hob mit seiner Schwanzflosse ein Schlauchboot ganz vorsichtig aus dem Wasser, fast einen halben Meter hoch, dann setzte er das kleine Gummiboot behutsam wieder ab. Und der Besatzung wurde plötzlich klar, wie sanft und gutmütig diese Wale waren.

Mitte Juni ging die *Phyllis Cormack* auf die Suche nach den Walfängern; acht Tage lang fuhr sie vergeblich. Am neunten Tag sah der Gitarrist, er stand gerade am Ruder, einen Regenbogen weit hinten am Horizont. Ohne sich zu besinnen, ohne den Kapitän zu fragen, änderte er den Kurs und hielt genau auf diesen Regenbogen zu. Es dauerte keine halbe Stunde, da erschien am Horizont eine Walfangflotte. »'n echtes

Ein tauchender Pottwal

Wunder«, sagte der Gitarrist, »so was passiert immer wieder.«

In weitem Abstand kamen die Harpunenboote heran, fünf oder sechs. Und in der Mitte schwamm das Fabrikschiff, lang wie eine Maschinenhalle. Vorn am Bug stand *Dalnij Vostok,* auf dem roten Schornstein waren Hammer und Sichel zu erkennen, ein Russe also.

Und noch etwas war durchs Fernglas auf dem Wasser zu sehen: eine kleine, dreieckige Fahne. Sie flatterte an einer Stange,

Der russische Walfänger Dalnij Vostok und protestierende Greenpeacer

und diese Stange steckte in einem Wal. Er war tot. Und er war sehr klein.

»Schnell einen Zodiac ins Wasser, wir müssen ihn messen!« Nach den Beschlüssen der Internationalen Walfangkommission durften keine Pottwale geschossen werden, die kleiner waren als neuneinhalb Meter. Der Zodiac brummte hinüber zu der Fahne. Der Wal war gerade sechs Meter lang. Die Russen schossen also auch Walkinder ab.

Ein russisches Harpunenboot kam aufgeregt heran, die Walfänger dachten wohl, man wollte ihnen die Beute streitig machen. Hastig vertäuten sie den Wal und machten sich auf den Weg zum Fabrikschiff. Die Männer im Schlauchboot konnten deutlich hören, wie dem kleinen Wal die Knochen brachen, als das Zugseil sich straffte.

Die *Phyllis Cormack* setzte dem Fabrikschiff nach, und je näher sie herankam, desto höher stieg die *Dalnij Vostok* über den Wellen auf. Sie schleppte an ihrer Seite ein paar Pottwale an starken Trossen mit sich; wie Heringe neben einem Ruderboot nahmen sich die fünfzehn Meter langen Tiere aus.

Im Heck des Fabrikschiffes klappte eine weite Öffnung mit einer Laderampe. Ein Wal nach dem anderen wurde in dieses stählerne Maul hineingezogen und verschwand im Dunkeln. Und aus Löchern in der Bordwand, metergroßen Löchern, floß unaufhörlich Blut in dicken Strömen ins Meer, das Blut der geschlachteten Wale.

Schweigend sahen die Frauen und Männer der *Phyllis Cormack* hinüber zu dieser ungeheuren Schlachtbank. Auf dem Oberdeck des Fabrikschiffes war ein Volleyballnetz gespannt, und ein paar Frauen sonnten sich im Bikini.

Der Wettlauf um Leben und Tod der Wale begann. Denn die Harpunenboote zogen der *Phyllis Cormack* spielend davon, sie waren doppelt, ja dreimal so schnell. Nicht lange, da war nur noch ein einziges Fangschiff zu sehen, die *Vlastny*, und auch die entfernte sich immer mehr. Aber plötzlich drehte die *Vlastny* und hielt genau auf das Greenpeace-Schiff zu.

»Wale! Wale voraus!« rief der Ausguck auf der *Phyllis Cormack.* Dann sahen es auch die anderen: eine Walherde floh vor dem

Fangschiff direkt auf die *Phyllis Cormack* zu.

»In die Boote!« schrie John Cormack. Lange hatten die Männer für diesen Augenblick geübt; es dauerte keine drei Minuten, da jagten die drei Schlauchboote der *Vlastny* entgegen. Sie preschten über die Wellen, daß die Außenborder jedesmal aufheulten, wenn die Schraube aus dem Wasser freikam.

Dann war das erste Schlauchboot vor dem Fangschiff. Beim Wenden kenterte es fast

Das Greenpeace-Boot zwischen Harpune und Wal.

in der Bugwelle, fing sich aber und hielt sich jetzt dicht vor dem Steven des Fangschiffes. Die beiden anderen Zodiacs hielten sich noch zurück.

Da tauchten die Wale auf. Zwanzig, dreißig Meter entfernt stiegen ihre Atemfontänen aus dem Wasser. Die Atemluft riß Wassertröpfchen mit nach oben, und in der Abendsonne erschien über jedem Wal ein kleiner Regenbogen. Die schwarzglänzenden Leiber rollten durch die Wellen und verschwanden wieder in der Tiefe.

Aber sobald sich irgendwo ein Wal zeigte, hetzte das Schlauchboot auf ihn zu, genau in der Schußlinie der Harpune. Hier tauchte ein Wal auf, dort wieder einer, die Harpune des Fangbootes schwenkte immer wieder herum. Und die beiden Männer rasten in ihrem kleinen Boot durch die aufgewühlte See, einer saß hinten beim Motor, der andere stand, an eine Leine geklammert, im Bug. Mit den eigenen Körpern versuchten sie, das Leben der Wale zu schützen.

Plötzlich stotterte der Außenborder, spuckte, hustete, blieb stehen. Ruckartig stoppte das Schlauchboot, dümpelte hilflos auf den Wellen – zehn Meter vor dem rostigen, scharfen Bug der *Vlastny*. Ein Mann beugte sich oben über die Reling und grinste herunter.

Dann war der Bug heran. Das Schlauchboot wurde von der Bugwelle beiseite geschoben, schrammte am Rumpf der *Vlastny* entlang. Die beiden anderen Zodiacs ka-

Die Harpune wird abgefeuert.

men heran, jeder übernahm einen Mann, weiter ging die Jagd.

Jetzt setzten sich beide Schlauchboote vor das Fangschiff. Aber die Wale wurden langsam müde, immer öfter tauchten sie auf zum Luftholen, immer öfter kamen sie vor die drohende Harpune.

Als eins der Boote in ein Wellental hinabtauchte, hörten die Männer hinter sich einen harten Knall. Der Harpunier hatte gefeuert. Die Männer im Schlauchboot duckten sich noch, da schoß die Harpune dicht an ihren Köpfen vorbei, bohrte sich ein paar Meter weiter in den glänzenden Walleib: 250 Pfund scharfes, spitzes Metall. Im selben Augenblick explodierte der Sprengsatz in der Harpune, trieb dem Wal breite Widerhaken in den Körper, zerriß ihm die Eingeweide. Das kleine Schlauchboot machte sich eilig davon, nur weg von der gespannten, peitschenden Fangleine.

Als der Walbulle merkte, daß ein Weibchen getroffen war, griff er das Fangschiff an. Zweimal rammte er den rostigen Rumpf der *Vlastny,* dann hatte der Harpunier in aller Ruhe nachgeladen. Senkrecht nach unten schoß er seine Harpune; und während der Walbulle verblutete, vertäuten die Decksleute schon das Weibchen.

Dann sammelten sich die Fangboote beim Fabrikschiff, die Walfangflotte dampfte davon. Und auch die Wale zogen ruhig weiter, nordwärts. Acht Blasfontänen zählte die Besatzung der *Phyllis Cormack,* acht Pottwale also, denen die Leute von Greenpeace das Leben gerettet hatten.

Das Ende der »friedlichen Riesen«

In den folgenden Tagen kam die *Phyllis Cormack* nicht mehr an die Walfänger heran, sie war einfach zu langsam. Und Treiböl mußte sie bunkern. In San Francisco wurde das Schiff mit großem Jubel empfangen. Fernsehen, Rundfunk und die Zeitungen wollten sich die tolle Geschichte von den drei kleinen Gummibooten nicht entgehen lassen, die einer russischen Walfangflotte acht Pottwale abgejagt hatten.

Millionen von Menschen hörten davon und fingen an, sich Gedanken zu machen über die Wale, die majestätisch und friedlich durch die Meere zogen und die abgeschlachtet und ausgerottet wurden. Genau dieses Aufhorchen hatte Greenpeace erreichen wollen.

Noch einmal fuhr die *Phyllis Cormack* hinaus, um die Walfänger zu suchen. Aber sie fand keine mehr. Nach fünfundachtzig Tagen kehrte der alte Fischkutter nach Vancouver zurück. Greenpeace hatte 40 000 Dollar Schulden.

Seit diesem Jahr 1975 machten sich alljährlich Schiffe von Greenpeace auf, um die Wale zu retten. Vor allem russische und japanische Walfänger wurden immer wieder von den kleinen, schnellen Schlauchbooten an ihrer blutigen Arbeit gehindert.

Australien schloß 1978 seine letzte Walfangstation, nachdem ein Greenpeacer beinahe von einer Harpune getötet worden wäre.

Auch Islands Walfangflotte wurde behindert.

Mit dieser Walattrappe ruft Greenpeace im Mai 1988 zum Boykott von Islandfisch auf.

1980 störte das Greenpeace-Schiff *Rainbow Warrior* die spanischen Finnwaljäger. Sofort kaperte die spanische Marine das Schiff auf offenem Meer und brachte es in den Hafen El Ferrol. Dort bauten die Soldaten ein Stück vom Schiffsantrieb aus, damit die *Rainbow Warrior* den Hafen nicht verlassen konnte. Und Schadenersatz forderten die spanischen Behörden auch noch: Für den Verdienstausfall der Walfänger sollte Greenpeace 140 000 Dollar bezahlen. Aber die Spanier hatten sich verschätzt, so leicht war den Greenpeacern nicht beizu-kommen. Heimlich fuhren ein paar von der Besatzung der *Rainbow Warrior* nach England, ließen das Ersatzteil nachbauen und kamen damit zurück nach Spanien. Im Hafen lenkten sie die Wache ab, schmuggelten das Teil an Bord und bauten es unbemerkt ein. Und dann lief die *Rainbow Warrior* an den Wachen vorbei aus dem Hafen.

Als die Spanier das Schiff vermißten, war es schon zu spät. Sie verfolgten die *Rainbow Warrior* zwar, aber sie suchten in der falschen Richtung. Das Schiff war wieder frei.

Schlimmer noch als die Walfänger waren die Walfangpiraten. Sie fuhren auf Schiffen, die es eigentlich gar nicht gab. Heute setzten sie diese Flagge, morgen jene, sie hatten keinen Heimathafen, waren nirgendwo registriert. Und dennoch fuhren sie zur See, schossen Wale und brachten sie an Land. Kein Staat war verantwortlich für sie, kein Land konnte angeklagt werden.

Einen ersten Erfolg bei der Rettung der Wale gab es 1982. Die Internationale Walfangkommission beschloß einen Walfangstopp. Aber wer sich daran nicht halten wollte, waren Japan, die Sowjetunion und Norwegen, die größten Walfänger. »Denn die Wale«, sagte der sowjetische Abgeordnete, »sind schließlich nicht dazu da, einfach nur in den Meeren spazierenzuschwimmen.«
Schon im Jahr darauf übergab Greenpeace der internationalen Presse sensationelle Fotos. Sieben Greenpeacer waren in Sibirien an Land gegangen und hatten dort eine große Zuchtstation für Nerze fotografiert. An die Nerze wurde das Fleisch von Grau-

walen verfüttert. Die Fotos gingen um die Welt.
Und immer wieder sammelte Greenpeace Unterschriften gegen den Walfang, Millionen von Unterschriften. Wieder ein Jahr später störten die Leute von Greenpeace eine norwegische Fangflotte, die Zwergwale abschoß. Und sogar im Hamburger Hafen entdeckte Greenpeace ganze Container voller Walfleisch; es kam aus Island und war für japanische Kochtöpfe bestimmt. Die Container, auf denen »Seafood« – Meeresfrüchte – stand, wurden vom deutschen Zoll beschlagnahmt.

Und immer noch geht das Abschlachten weiter, trotz Walfangstopp, trotz aller Proteste. Heutzutage werden die Wale zu »wissenschaftlichen Zwecken« geschossen, wie die Waljäger sagen. Was allerdings an Tausenden und Abertausenden toter Wale erforscht werden soll, das weiß niemand so genau. Schon deshalb nicht, weil die Wale gleich draußen auf See zerschnitten und verkocht werden – zu Waschmittel, Lippenstift und Hundefutter.

DAS VIERTE KAPITEL

in dem von Schnee und Eis erzählt wird,
von einer staatlichen Verordnung gegen grüne Farbe,
von weißen Robbenbabys und roten Spuren im Schnee
und davon, wie Tausende kleiner Luftballons
Hunderttausende von Leben retteten

Frühjahr im ewigen Eis, nördlich von Neufundland an der Ostküste von Kanada. Frühjahr, wenn die Quecksilbersäule im Thermometer langsam anfängt zu steigen: von vierzig oder fünfzig Grad unter Null im Winter bis an den Gefrierpunkt im Sommer. In jedem Frühjahr werden dort oben Robbenbabys im Eis geboren, schneeweiß, mit großen, schwarzen Knopfaugen. Zum Schwimmen und Wegtauchen sind sie noch viel zu klein, deshalb ist ihr weißes Fell die beste Tarnung vor den Eisbären. Oder es ist ihr Verderben.

Denn in jedem Frühjahr machten sich Schiffe auf den Weg nach Neufundland, Norweger vor allem und Kanadier.

Fromme Lieder hatten sie bei der Abreise gesungen, und Geistliche hatten im Hafen für die Schiffe und ihre Besatzung gebetet. An Bord der Schiffe waren Robbenschläger.

Schlagen ist ein Wort mit vielen Bedeutungen. Man kann jemanden beim Schach schlagen oder beim Tischtennis, auch schon mal ein blaues Auge. Die Robbenschläger aber wollten mit langen Stangen auf die Köpfe von Robbenbabys einschlagen, bis sie tot waren oder bewußtlos, um ihnen dann das Fell abzuziehen. Wenn die Robbenbabys nur bewußtlos sind, geht das Fellabziehen leichter. Und leichter heißt schneller; schnell muß es gehen, denn schon im Alter von drei Wochen bekommen die Robbenbabys ein neues Fell, grau mit einem dunklen Streifen den Rücken entlang. Aber wer will schon graue Pelze haben, wenn er auch schneeweiße, seidenweiche Pelze haben kann?

Und so geschah es, daß seit Anfang unseres Jahrhunderts dort oben im Eis sechzehn Millionen Robbenbabys erschlagen wurden für Pelzmäntel, Geldbörsen, kleine Robbenpuppen und anderen Unsinn.

Im März des Jahres 1976 machte sich auch eine Gruppe von Greenpeacern auf den Weg, geradeso wie die Robbenschläger. Diesmal fuhren sie nicht im Segelboot oder auf einem Fischkutter, diesmal nahmen sie die Eisenbahn quer durch Nordamerika, von Vancouver nach Neufundland. Und wo immer sie haltmachten, sprachen sie mit dem Rundfunk, den Zeitungen und dem Fernsehen, zeigten Fotos vom Robbenschlachten. Und sie zeigten ihre grüne Farbe herum, mit der sie den Robbenbabys den Rücken einsprühen wollten. Denn Felle mit grüner Farbe waren wertlos für die Robbenschlächter.

Die Nachricht eilte ihnen voraus, und bald hörten die Leute von Greenpeace, daß halb Neufundland auf den Beinen wäre, wütend und bewaffnet. »Wir werfen sie von der Insel«, hieß es, denn die Neufundländer schlagen Robben schon seit Jahrhunderten. In Sydney in Neuschottland packten die Greenpeacer ihre Ausrüstung in Mietwagen um, dann ging es auf die Fähre. Eisig

pfiff der Wind ihnen auf Neufundland entgegen – und nicht nur der Wind war gegen sie. Ständig meldeten die Radiostationen den genauen Standort, auch wenn die Leute von Greenpeace vor Schneetreiben kaum noch die Fahrbahn sahen.

Kurz vor St. Anthony, dem nördlichsten Hafen von Neufundland, war die Straße endgültig dicht. Aber nicht vor Schneewehen oder Eis. Etwa zweihundert dick Vermummte standen mitten im Weg, quer hinter ihnen mindestens fünfzig Autos. Kein Durchkommen mehr. Und zum ersten Mal standen die Leute von Greenpeace auf der anderen Seite, nicht auf der Seite der Demonstranten.

Schon rannten die ersten auf die beiden Wagen zu; Henkerschlingen schwangen sie

FÜR SIE IST PELZ KEIN LUXUS

Greenpeace

und riefen etwas im Chor, was bei dem Sturm nicht zu verstehen war. Jetzt hatten sie die Wagen erreicht, packten zu und fingen an, die Autos aufzuschaukeln, um sie umzukippen.

Paul Watson stürzte als erster aus dem Auto, Robert Hunter und Patrick Moore hinterher. Sie wurden gestoßen, bekamen Schläge auf Kopf und Brust; in ihren roten Kälteschutzanzügen waren sie gute Zielscheiben. Erst als Eileen aus dem Wagen stieg, hochgewachsen und mit langen schwarzen Haaren, hörte die Prügelei auf. Eine Frau hier oben in Neufundland, das war etwas anderes.

Endlich konnten die Leute von Greenpeace mit dem Anführer der Robbenschläger ein Treffen vereinbaren. Dann fuhren sie inmitten der fünfzig Wagen mit drohenden, fluchenden und betrunkenen Robbenschlägern in ihre kleine Pension. Die Journalisten warteten schon, viele Journalisten.

Als erstes ging Robert ans Telefon; was hier geschehen war, mußte das Hauptquartier in Vancouver erfahren. Aber nicht nur er hatte schlechte Nachrichten, sein Kollege in Vancouver hatte noch viel schlechtere: Die Regierung des liberalen Ministerpräsidenten Pierre Trudeau hatte eine Verfügung erlassen. Danach war das Besprühen von Robbenbabys mit Farbe verboten. Das geschehe nur zum Schutz der Tiere, hatte es geheißen, damit die Robbenmütter nicht ihre Babys verließen.

Also würde ein farbsprühender Greenpeacer nach dem anderen verhaftet werden und ins Gefängnis wandern. Wirklich, die kanadische Regierung arbeitete sehr gut mit den Robbenschlägern zusammen. Im Namen des Tierschutzes.

Greenpeace mußte also die Taktik ändern. Es wurde ein Pakt mit dem Teufel, aber er rettete vielen Robbenbabys das Leben: Die Leute von Greenpeace übergaben die Kanister mit grüner Farbe den aufgebrachten Robbenschlägern – als Zeichen ihres guten Willens sozusagen, wertlos waren sie ohnehin. Damit hatten die Greenpeacer erst einmal Ruhe vor der Bevölkerung, vielleicht sogar Unterstützung.

Denn die wirkliche Bedrohung kam von außen, sie machte auch den Menschen in St. Anthony das Leben schwer. Die wirkliche Bedrohung war die norwegische Fangflotte, die mit Schiffen direkt ins Eis fuhr, um die Robbenbabys zu Tausenden abzuschlachten. Und gegen die Norweger wollte Kanadas Regierung nun schon gar nichts unternehmen, damit die kanadischen Fischer auch weiterhin vor Norwegens Küste ihre Netze auswerfen durften.

Inzwischen waren die beiden Hubschrauber angekommen, mit denen das Gepäck der Greenpeacer auf eine kleine Insel geflogen werden sollte, nördlich von St. Anthony. Sofort tauchten Beamte des Fischereiministeriums auf und verboten dem Treibstoffhändler, den Leuten von Green-

Für diese blutigen Kadaver kommt das Greenpeace-Schiff zu spät.

peace auch nur einen Liter Sprit zu verkaufen. Aber ein Rechtsanwalt von Greenpeace legte sich ins Zeug, telefonierte mit dem Ministerium und mit der Polizei, und nach einer Stunde waren beide Hubschrauber und sämtliche Ersatzkanister aufgetankt.

Bei fünfunddreißig Grad unter Null landeten die beiden Hubschrauber auf der Belle-Insel. Bis zum Nachmittag hatten sie die drei kleinen Zelte, die Ausrüstung und das Reservebenzin hinübergebracht.

Dann kam Sturm auf, und es wurde so kalt, als wollte es wieder Winter werden. Auch in den Zelten wurde es eiskalt, Greenpeacer und Journalisten steckten bis zur Nase in dicken Daunenschlafsäcken. Die beiden Petroleumöfen wurden nur zum Kochen angezündet. In den Taschenlampen und in den Sprechfunkgeräten froren die Batterien ein.

Drei Tage tobte der Sturm, am vierten Tag morgens war klare Sicht. Schon in aller Frühe kamen die beiden Hubschrauber angedröhnt und nahmen die Greenpeacer und die Journalisten an Bord. Dann machten sie sich auf die Suche, zogen Kreise über dem Eis, immer weiter. Die Menschen in den Hubschraubern starrten angestrengt hinunter in die blendende Helligkeit.

Plötzlich sahen sie am Horizont kleine dunkle Flecken. Die Flecken wurden langsam größer, nahmen Gestalt an. Es waren zwei Schiffe, die sich langsam durch das Eis schoben. Die Hubschrauber kamen näher. Und aus 700 Metern Flughöhe waren überall dort unten auf dem Eis und zwischen den Wasserlachen seltsame Spuren zu erkennen, lange rote Schleifspuren.

Die Hubschrauber setzten ihre Kufen aufs Eis. Sie mußten vorsichtig sein, denn niemand durfte dort landen, wo Robben zu sehen waren – so wollten es die Tierschutzbestimmungen. Sollte niemand sehen, wie die hilflosen Robbenbabys zusammengeknüppelt, aufgeschlitzt und enthäutet wurden? Sollte niemand sehen, wie die Robbenmütter zu den blutigen Überresten ihrer Kinder krochen, sie leise mit der Nase anstießen und sogar noch versuchten, ihnen Milch zu geben? Mitten in einer kleinen Blutlache auf dem weiten Eis.

Aber die Leute von Greenpeace sahen es, die Journalisten und die Fotografen sahen es. Und sie sahen auch die Robbenschläger, die über das Eis wanderten, beinahe gemütlich, ein blutiges Bündel von Fellen hinter sich her schleppend. Ab und zu hielten sie an, hoben den Stock und schlugen zu.

Aber dann waren die Leute von Greenpeace heran, stellten sich zwischen die Robben und die Robbenschläger. Was sollten sie tun? Das Gesetz verbot ihnen, die Robbenbabys mit Farbe einzusprühen. Und es waren genug Beamte vom Fischereiministerium auf dem Eis, die aufpaßten, ob die Greenpeacer dieses »Tierschutzgesetz« verletzten. Was konnten sie also tun? Die Robbenschläger hoben schon wieder den

Robbenmütter versuchen noch, ihren toten Babys Milch zu geben.

Schlagstock mit dem nadelspitzen Dorn am Ende.

Die Leute von Greenpeace ließen sich einfach fallen, knieten auf allen vieren über den Robbenbabys, den eigenen Kopf dicht am Kopf der Robben. Den Robbenschlägern erstarrte der Arm.

Würden sie zuschlagen?

Nein, sie schlugen nicht zu, es wäre glatter Mord gewesen. Und überall auf dem Eis standen Fotografen und machten Bilder von den ersten Robbenbabys der Welt, die durch den Einsatz von Menschenleben gerettet worden waren.

Aber was nützte das schon. Selbst wenn jeder Greenpeacer neben einem Robbenschläger herlief und ihn tagelang arbeitslos machte, konnten höchstens ein paar hundert Robben gerettet werden. Gegen neun Fabrikschiffe und ihre Besatzung konnte eine Handvoll Menschen nicht aufkommen. Die Leute von Greenpeace mußten sich dringend etwas einfallen lassen, denn unentwegt brachen sich die Schiffe ihre Bahn durchs Eis.

Sie nahmen dazu fünfzig Meter Anlauf, gaben Volldampf und stießen drei oder vier Meter ins Eis hinein. Dann wieder zurück und wieder vor, immer weiter und weiter. Die Robbenschläger wanderten nebenher. Manchmal fuhr so ein Schiff direkt auf ein Robbenbaby zu, das vor dem Schiffsbug auf dem Eis lag. Dann schob es sich hinein ins Eis, Schollen brachen auf, kippten

hoch. Das Robbenbaby rutschte, fiel ins Wasser; in seinem Babyfell konnte es nicht schwimmen.

Ein Greenpeacer kam gerade noch rechtzeitig. Er sah das Robbenbaby dicht vor dem Schiff auf dem Eis liegen. Zehn Meter noch bis zum Schiff, beim nächsten Anlauf nur noch fünf. Da raste er los, stieß zwei Beamte vom Ministerium beiseite. Und auch das Schiff nahm wieder Anlauf. Der Mann von Greenpeace hastete über die Eisschollen, bückte sich nach der Robbe, wollte sie aufheben. Sie war zu schwer, er stürzte. Dann war das Schiff hinter ihm. Es dröhnte, krachte ins Eis, vorwärts, vorwärts.

Als das Fangschiff zurücksetzte, trieb der Mann auf einer kleinen Eisscholle im Fahrwasser. Er hatte das Robbenbaby fest umklammert auf den Knien liegen.

Der erste Tag war zu Ende. Die Hälfte der Greenpeacer und der Presseleute flog ins Basislager, die anderen nach St. Anthony in die Pension.

Und wieder stürmte es. Tagelang zerrte der Sturm an den Spannleinen, ließ die Zeltwände flattern. In St. Anthony fuhr kein Auto mehr, selbst der Schneepflug blieb stecken. Zwei Tage konnten die Hubschrauber nicht starten, zwei Tage blieb der Nachschub aus.

Am folgenden Tag änderten die Leute von Greenpeace ihre Taktik. Sie hatten beobachtet, daß die Fangschiffe nicht nach

Ein wenige Tage altes Robbenbaby

rechts oder links ausweichen konnten, sie fuhren entweder vor oder zurück.

In ihren roten Schutzanzügen stellten sich die Leute von Greenpeace ans Ende der Fahrrinne eines Schiffes. Dann drehten sie dem Schiff den Rücken zu und hakten sich unter. Sie verstellten dem Fangschiff den Weg, und das Fangschiff lief langsam rückwärts zu einem neuen Anlauf.

»Wir gehen hier nicht weg! Nicht einen Schritt!« riefen die Männer in den roten Anzügen den Robbenschlächtern zu. Dann fühlten sie, wie der Anlauf begann. Das Eis bebte unter ihren Füßen, hinter ihnen dröhnte der Schiffsmotor. Das Eis krachte, schwere Blöcke kanteten hoch, brachen auseinander, knallten herunter, machten den Weg frei. Der Schiffsbug kam näher.

Oben an Deck schrie jemand, dann wurde die Maschine umgekuppelt, lief rückwärts. Hinter der Kette aus Menschen war noch drei Meter festes Eis. Und während die Besatzung an Deck herumfluchte, nahm das Fangschiff neuen Anlauf.

Diesmal kam das Schiff sehr schnell näher, fetzte hinein in die Eisdecke, daß große Blöcke zur Seite spritzten. Das Eis riß auf, ein breiter Spalt lief unter der Menschenkette durch. Eiswasser gurgelte herauf.

»Maschine stopp, Käpt'n«, hörten sie von oben schreien, »die Idioten bleiben wirklich stehen.« Nur eine Handbreit hinter den Männern kam das Schiff zum Halten.

Hinterher schrieb einer der Männer stolz in sein Tagebuch: »Das Schiff konnte unseren Willen nicht brechen.«

Sie blockierten das Schiff bis zum Abend. Dann brachte der Hubschrauber sie zurück. Auf dem Weg zum Lager flog er über Hunderte von blutroten Schleifspuren hinweg.

Am nächsten Tag hatten die Greenpeace-Hubschrauber eine Begleitung. Kaum wa-

Dieses Robbenbaby hat überlebt.

ren sie gelandet, kamen Beamte des Fischereiministeriums herüber. »Sie sind zu niedrig geflogen und haben dadurch die Robben gestört«, warfen sie dem Piloten vor. »Außerdem sind Sie viel zu nahe bei einer Robbe gelandet.«

»Wir haben keine Robbe gesehen. Wo ist sie denn?« fragten die Leute von Greenpeace.

»Na, weggetaucht natürlich bei diesem unverantwortlichen Verhalten.« Die Hubschrauber wurden beschlagnahmt und nur gegen eine Strafe von 20 000 Dollar wieder herausgegeben. Aber inzwischen war die Fangflotte weiter nach Norden gezogen, unerreichbar für die Hubschrauber.

Und dort oben im Eis ging das Robbentöten ungehindert weiter.

Das alles geschah im Jahre 1976. Zwei Jahre später wurden norwegische Fangschiffe gleich im Hafen am Auslaufen gehindert. Und noch im selben Jahr stellte man auf den Orkney-Inseln das Robbenschlagen ein, ein Erfolg für Greenpeace. Im Jahr darauf wurden Robbenschlachtschiffe wieder im Hafen festgehalten, diesmal in Neufundland und Norwegen.

Im Jahr 1980 besprühten Leute von Greenpeace dann doch Robbenbabys mit Farbe. 1981 lief das neue Schiff *Rainbow Warrior* nach Labrador aus, um die Robbenschläger zu stören.

Wieder ein Jahr später wollte Greenpeace zwei Luftkissenboote nach Neufundland

Gesprüht wird natürlich mit ungiftiger Farbe.

schicken. Aber noch vor der Abfahrt wurde eins der Boote von Unbekannten zerstört; und die kanadischen Behörden setzten alle Hebel in Bewegung, damit die *Rainbow Warrior* nur ja den Hafen nicht verließ. Als das Schiff endlich die Eisfelder erreichte, wurden drei farbsprühende Greenpeacer kurzerhand verhaftet. Wegen Tierquälerei, wie es hieß, während dicht neben ihnen die Robbenschläger ein Tier nach dem anderen tothackten.

Aber die Aktionen von Greenpeace, weitab im Eis, blieben nicht ohne Wirkung. Immer wieder waren in Zeitungen und im Fernsehen die blutigen Bilder aufgetaucht; die Menschen wurden aufmerksam. In Kopenhagen ketteten sich Leute von Greenpeace vor der kanadischen Botschaft an, in den Niederlanden wurden vier Millionen Unterschriften gesammelt gegen das Robbenschlachten.

Und dann setzte Greenpeace die ersten Luftballons ein. Nicht einmal sie selber hatten geahnt, welch eine wirkungsvolle Waffe kleine Luftballons sein können, es müssen nur recht viele sein.

Von allen Ländern in Europa kaufte die Bundesrepublik Deutschland die meisten Robbenfelle. Deshalb fuhren zwei Lastwagen nach Bonn zum Ministerium für Landwirtschaft und Forsten, das war für die Einfuhr der Robbenfelle zuständig.

Jeder Lastwagen hatte etwa fünf Pfund Ladung, und die wurden vor dem Ministerium abgeladen. Es waren 2 000 weiße, runde Luftballons, jeder mit einem Robbengesicht darauf. 2 000 Ballons!

Im Nu war der Eingang zum Ministerium blockiert, Polizisten stürzten herzu, Leibwächter und Beamte.

Aber was konnten sie schon gegen weiße Luftballons unternehmen, ohne sich lächerlich zu machen.

Also hörten sie zu, als die Leute von Greenpeace ihnen sagten: »Für jeden dieser Luftballons werden hundert Robbenbabys abgehäutet, viele noch bei lebendigem Leibe. Und zwar jedes Jahr. Jedes Jahr 200 000 erschlagene Robbenbabys. Können Sie sich das vorstellen?«

Das machte selbst die härtesten Leibwächter betroffen, sie konnten nicht einmal mehr reagieren.

Und dann verschenkten die Leute von Greenpeace ihre weißen Luftballons an die Polizisten, an die anderen Beamten und an die Kinder. Viele lächelnde Polizisten bei einer Demonstration – es war ein großer Erfolg.

In Frankreich wiederholte Greenpeace diese federleichte Demonstration. Und danach in Brüssel vor dem Europaministerrat. Greenpeace forderte den Importstopp, kein europäisches Land sollte mehr Robbenfelle einkaufen dürfen.

1984 war es soweit.

Ganz Europa machte seine Grenzen dicht für die Robbenfelle.

In diesem Jahr wurden nur noch 26 000 Robbenbabys getötet, zwei Jahre vorher waren es noch 200 000 gewesen. Es war wirklich ganz einfach: Wenn niemand mehr Robbenfelle kaufte, durften die Robbenbabys am Leben bleiben.

DAS FÜNFTE KAPITEL

*in dem von giftigen Fässern die Rede ist
und von Schiffen, die solche Fässer ins Meer werfen,
von kleinen Schlauchbooten, einer Henkerschlinge
und davon, daß man nicht alles tun darf, was erlaubt ist*

Faß auf Faß hievte der Kran aus dem Laderaum des Frachters an Deck, schwarze Fässer mit weißen Deckeln. Der Kran setzte sie auf einer Rampe ab, und wenn der Frachter in der Dünung leicht überholte, dann ließen die Decksleute ein Faß nach dem anderen über Bord rollen.

Hoch gischtete das Wasser auf, wenn die Fässer auf die Wellen trafen. Dann waren sie nicht mehr zu sehen, trudelten hinunter, wurden schneller und schneller, sanken immer tiefer. In 4 000 Metern Tiefe schlugen sie, fünfzig Stundenkilometer schnell, auf den Meeresboden.

Niemand wußte genau, ob die Fässer diesen Aufprall aushielten, ob sie zerplatzten oder ob der Beton, mit dem sie innen ausgekleidet waren, vielleicht Risse bekam.

Und niemand wußte genau, wie lange es dauern würde, bis der Stahlmantel der Fässer durchgerostet war.

Aber was man genau kannte, das war der Inhalt der Fässer: Atommüll. Giftiger, radioaktiver Abfall aus Krankenhäusern und Forschungslabors, vor allem aber aus Atomkraftwerken. Giftig für Menschen, Tiere und Pflanzen, in tausend Jahren noch. Wie lange also würden die Fässer dicht halten?

Auf dem englischen Frachter *Gem* rollte Faß auf Faß über die Rampe ins Meer, als ein paar kleine, unsinkbare Schlauchboote über die Wellen heranjagten. Sie fuhren direkt unter die Rampe, von der die tonnenschweren Fässer ins Meer stürzten. Und jetzt hörte der Kapitän der *Gem* über Sprechfunk eine Stimme: »Hier spricht Greenpeace. Hier spricht die *Rainbow Warrior*. Werfen Sie keine Fässer mehr ins Meer. Sie gefährden damit Menschenleben.«

Auch Journalisten standen auf dem Greenpeace-Schiff. Und so erfuhr die Öffentlichkeit erstmals im Jahr 1978 von dieser streng geheimen Operation, genehmigt von der englischen Atomenergiebehörde.

Es war nicht gegen die Gesetze, Atommüll zu versenken, und deshalb ließ die englische Atomenergiebehörde auch weiter radioaktiven Abfall ins Meer werfen; so wie sie in den vergangenen Jahren schon 60 000 Fässer hatte verschwinden lassen.

Deshalb fuhr drei Jahre später das neue Greenpeace-Schiff *Sirius* zu dem Versenkungsgebiet, fünfhundert Meilen vor der spanischen Atlantikküste.

Wieder wurden die Schlauchboote zu Wasser gelassen, jagten hinüber zur *Gem*. Aber diesmal waren die Männer auf dem Giftfrachter besser vorbereitet. Aus Feuerwehrschläuchen schossen den kleinen Booten dicke Wasserstrahlen entgegen. Schnell standen die Schlauchboote unter Wasser, wurden schwer und unbeweglich. Der harte Wasserstrahl traf die Greenpeace-Leute mitten ins Gesicht, sie konnten kaum atmen, geschweige denn sehen. Und auch die Motoren sollten mit Wasser lahmgelegt werden.

Über Funk hatte die *Sirius* den Kapitän der *Gem* aufgefordert, mit seiner Arbeit aufzuhören. Umsonst. Faß auf Faß erschien an Deck des Müllfrachters. Und auch jetzt, als die drei grauen Boote direkt unter die Laderampen fuhren, auch jetzt noch rollten die Decksleute ihre Fässer über Bord.

Dann wurde eins der Boote um Haaresbreite getroffen, stand fast senkrecht in der aufspritzenden Welle. Mann über Bord! Zum Glück war nichts passiert, Harald aus Hamburg wurde gleich wieder aufgefischt. Das nächste Boot übernahm seinen Platz.

Und da geschah es. Der Mann am Außenborder bekam den Wasserstrahl direkt ins Gesicht, fuhr blind neben dem Frachter her. Er sah das Faß nicht einmal kommen. Das Schlauchboot kippte hoch und schleuderte Eric, den Dänen, mit dem Kopf gegen die Bordwand des Frachters. Wie Athel, der Brite, ihn wieder ins Boot brachte, das konnte er hinterher selber nicht mehr sagen.

Die Schlauchboote drehten ab.

Aber es ging weiter. Von der *Sirius* wurde das ehemalige Küstenwachboot *Ri 28* zu Wasser gelassen, nahm Kurs auf die *Gem*. Die *Ri 28* schleppte ein Schlauchboot hinter sich her, damit wollten die Leute von Greenpeace eins der Fässer auffangen; sein Inhalt sollte untersucht werden.

Aber die Matrosen der *Gem* bekamen mit einem Enterhaken das Schlauchboot zu fassen, zogen es mit dem Kran an Deck und schlitzten es auf. Dann warfen sie die schlappe Gummihülle wieder über Bord. Die Greenpeacer flickten das Schlauchboot und fuhren es noch einmal unter die Rampe. Ein Faß krachte hinein, dann wieder eins, aber jedesmal kippte das Schlauchboot, auch diese Fässer versanken im Meer. Und in der *Ri 28* mußte Harald immer wieder eine Henkerschlinge abwehren, mit der ein Mann von der Atomenergiebehörde nach seinem Kopf angelte. Und unablässig klatschten Fässer auf die Wellen, neben dem Schlauchboot und neben der *Ri 28*. Dann flog noch ein dickes Tau

Mit ihren Schlauchbooten fahren die Greenpeacer direkt unter die Rampe.

über Bord mit einem schweren Eisenhaken
daran, pendelte neben Haralds Kopf hin
und her. Und während Harald den Haken
vom Seil absäbelte, trieb die *Ri 28* genau
unter die Rampe.

Der Frachter holte über, Fässer rollten, fielen, eins zerschlug den rechten Außenborder des Küstenwachbootes. Abbrechen,
Ende der Aktion.

Und die britische Atomenergiebehörde erwirkte vor Gericht eine Verfügung. Wer
jetzt den Atommüllfrachter behinderte, der
mußte mit Gefängnis rechnen.

Ein Jahr später hatte die Atomenergiebehörde sich etwas Neues ausgedacht. An der
Bordwand des Frachters hingen große
Drahtkäfige, genau vor den Rampen. Da
war mit Schlauchbooten nichts mehr zu
machen.

Aber auch die Leute von Greenpeace änderten ihre Taktik. Mit den kleinen
Schlauchbooten brachten sie sechs Greenpeacer hinüber zur *Gem.* Die Mannschaft
hatte nichts gemerkt. Die sechs stiegen an
Deck; die Mannschaft hatte immer noch
nichts gemerkt. Und dann ketteten sich die
Greenpeacer direkt an die Laderampen.
Hier würde sie niemand wegbekommen.
Die sechs hoben die Arme, und das Nebelhorn der *Sirius* grüßte herüber. Die *Gem*
war lahmgelegt, untätig trieb sie mit einem
Bauch voller Giftfässer im Atlantik. Aber
dann stellten die Decksleute Behelfsrampen
auf, und das Versenken ging weiter.

Die sechs Leute von Greenpeace blieben
drei ganze Tage angekettet auf der *Gem,*
denn die Mannschaft hatte sich dem Befehl
des Kapitäns widersetzt, die sechs von den
Ketten loszuschneiden und ins Meer zu
werfen.

Dann wurde die Aktion abgebrochen; ein
niederländisches Gericht drohte Greenpeace mit einer Strafe von 25 000 Pfund
Sterling für jeden weiteren Tag der Blokkade; die *Sirius* war ein niederländisches
Schiff.

Noch im selben Jahr 1982 wurden zwei
niederländische Frachter gehindert, ihren
Atommüll über Bord zu werfen. Die *Scheldeborg* hörte jedesmal mit dem Versenken
auf, wenn die Schlauchboote herankamen.

Die Mannschaft versucht, Greenpeace-Aktivisten mit Wasserwerfern zu vertreiben.

Der Kapitän der *Rijnborg* ließ ungerührt die schweren Fässer von einem Kran hoch über die Bordwand heben und dann aufs Wasser krachen. Fünfmal kenterte ein Schlauchboot, zwei Männer wurden verletzt.

Wieder brachten die Schlauchboote drei Greenpeacer unbemerkt auf den Frachter. Die drei ketteten sich an die Ladekräne. Auch sie blieben drei Tage auf ihrem Posten. Dann sperrte der Kapitän der *Rijnborg* sie ein.

Das Versenken ging weiter, aber auch der Protest. Hoch oben vom Kran herunter fielen die Fässer, zu dreien und vieren zusammengebunden, donnernd ins Wasser. Manchmal waren es nur Zentimeter bis zu den Schlauchbooten.

Dann wurde ein Mann im Schlauchboot schwer verletzt. Greenpeace gab auf, mußte aufgeben bei diesem brutalen Kapitän.

Und trotzdem, der Einsatz von Menschenleben hatte sich gelohnt. Seit diesem Jahr 1982 hat weltweit kein Faß voller Atommüll den Meeresboden mehr berührt. Jetzt werden die Fässer unterirdisch gelagert, wo man ihren Zustand wenigstens überprüfen kann.

Und die alten Fässer, die schon zu Hunderttausenden im Meer liegen? Wann tritt radioaktive Strahlung aus? Wann werden erst die Algen damit verseucht, dann kleine Krebse, dann Fische – Fische, die bei uns auf den Teller kommen?

DAS SECHSTE KAPITEL

in dem von der Nordsee die Rede ist,
von viel Gift und wenig Fischen, von Schwimmern
und einem Frachter und davon,
daß nicht andere die Verantwortung haben,
sondern immer man selber

Wer in der Bundesrepublik Deutschland Fische aus der Elbe verkauft, der macht sich strafbar. Denn die Elbe ist schmutzig, viel zu schmutzig, ihre Fische sind vergiftet. Rhein und Elbe sind die schmutzigsten Flüsse, die in die Nordsee münden, und die anderen sind nicht viel besser.

Giftige Industrieabfälle und Schwermetalle – hinein in den Fluß; Waschmittel aus jedem Haushalt und Kühlwasser der Atomkraftwerke – hinein in den Fluß; Gifte und Dünger aus der Landwirtschaft – mit dem Regen hinein in den Fluß. Es sind Tausende von Tonnen jeden Tag. Und diese ganze stinkende Brühe landet dann in der Nordsee.

Seit Jahrtausenden lebten in der Nordsee sehr viele Fische. Jahrhundertelang konnten die Fischer von ihrem Fang leben.
Heute ist das anders, heute werfen sie manchmal die Hälfte der Fische wieder ins Meer, kaum daß sie die Netze an Bord gezogen haben. Die Fische sind krank. Schollen haben die »Himbeerkrankheit«, das sind rote, runde Geschwüre; Aale haben die »Blumenkohlkrankheit«, weiße Geschwüre, manchmal größer als ihr Kopf; Dorsche haben Löcher in den Flossen. In die Fischkisten wandern nur solche Tiere, die gesund aussehen.
Und da es immer weniger gesunde Fische gibt in der Nordsee, gibt es auch immer weniger Fischer.

Seit 1980 rückt Greenpeace den Verschmutzern der Nordsee zu Leibe. Im Hafen von Rotterdam hinderte die *Rainbow Warrior* zwei Frachter daran, aus dem Hafen auszulaufen. Beide Frachter hatten Dünnsäure geladen und wollten sie in der Nordsee verklappen, was nichts anderes heißt, als die Dünnsäure ins Meer laufen zu lassen. Noch im selben Jahr blockierten die Leute von Greenpeace den Dünnsäurefrachter *Kronos* in Nordenham. Und die Firma, von der die Dünnsäure stammte, bekam säckeweise verkrüppelte, zerfressene Fische vor die Tür geworfen.

So dünn, wie es sich anhört, ist die Dünnsäure nicht. Sie ist nichts anderes als verdünnte Schwefelsäure mit vielen giftigen Schwermetallen darin wie Blei, Cadmium, Arsen, Quecksilber und Zink. Dünnsäure bleibt übrig, wenn Titandioxid hergestellt wird; und Titandioxid braucht man, um graue Zahnpasta und durchsichtige Plastiktüten weiß zu färben, für weiße Farbe, weißes Papier und weiße Socken. Jedes Jahr werden Millionen von Tonnen Dünnsäure in die Nordsee gekippt, für jede Tonne weißen Farbstoff etwa acht Tonnen Dünnsäure.

Im Oktober 1981 legte sich das Greenpeace-Schiff *Sirius* vor Helgoland auf die Lauer. Nach Tagen erschien die *Kronos* am Horizont. Sie fuhr schnell, etwa zwölf Knoten, es dauerte lange, bis die *Sirius* heran war.

Die Kronos, eines der berüchtigtsten Dünnsäure-Verklappungsschiffe

So rinnen jährlich Millionen Tonnen an Dünnsäure in die Nordsee.

Die *Sirius* rief über Sprechfunk die *Kronos* an. Die Leute von Greenpeace wollten an Bord der *Kronos* kommen und Proben nehmen von der Ladung; danach sollte der Frachter umkehren, zurück in den Hafen. Natürlich lehnte die *Kronos* ab.

Die *Sirius* setzte ein bewährtes Mittel ein: Schlauchboote zu Wasser. Aber das erste Boot machte in den schweren Wellen sofort Bruch. Dann zackte die *Kronos* auch noch im Kurs, und die *Sirius* kam nicht mehr hinterher. Die Aktion war beendet, ehe sie angefangen hatte. Und noch lange sah die Besatzung der *Sirius* die Giftbrühe aus dem Heck der *Kronos* herauslaufen, hinein ins aufgewühlte Schraubenwasser.

Vier Tage später sollte es dann klappen. »Sicht zehn Meilen, Sonne«, meldete Helgoland, die *Sirius* lief wieder aus. Anfangs war die *Kronos* nur ein kleiner Punkt auf dem Radarschirm, dann kam sie am Horizont heran, auf Zickzackkurs, sie verklappte also.

Wieder wurden die Boote ins Wasser gesetzt, zogen davon, auf die *Kronos* zu; vorneweg die orangerote *Ri 28,* drei kleine Schlauchboote hinterher. Als die Boote heran waren, zackte die *Kronos.* Ein Schlauchboot kenterte in der Heckwelle. Die *Ri 28* nahm die beiden Männer an Bord. Aufgeben? Nein, sie wollten weitermachen.

Dann sprangen die Schwimmer über Bord. Schwimmen in der Nordsee ist nicht verboten, und jedes Schiff muß sich natürlich von Schwimmern fernhalten, um keine Menschenleben zu gefährden. Nicht auszudenken, was geschieht, wenn ein Schwimmer in die Schiffsschraube gerät.

Fassungslos stand die Besatzung der *Kronos* an der Reling, doppelte Mannschaft,

Das Greenpeace-Schiff bringt die Schwimmer vor den Bug der Kronos.

vierzehn Männer statt sieben, bewaffnet. Hatten sie einen Überfall erwartet?

»*Kronos,* stoppen Sie die Maschine! Sie gefährden Menschenleben!« kam es über Sprechfunk von der *Sirius.* Die *Kronos* legte hart Ruder, fuhr außen an den Schwimmern vorbei, mit laufender Maschine, mit drehender Schraube.

Sofort nahm die *Ri 28* die vier Schwimmer wieder auf und brachte sie vor die *Kronos.* Unterdessen bombardierte Lutz am Mikrofon der *Sirius* den Kapitän der *Kronos* mit seinen Forderungen: »*Kronos,* vor Ihnen

schwimmen Menschen in der Nordsee. Sie gefährden diese Menschen, wenn Sie weiterfahren. *Kronos,* stoppen Sie die Maschine!«

Aber nur bei laufender Maschine konnte der Kapitän der *Kronos* die Dünnsäure ins Meer pumpen.

Diesmal kuppelte die *Kronos* die Schraube aus, hielt Kurs und rauschte mitten zwischen den Schwimmern hindurch. Und sofort donnerten die Motoren der *Kronos* wieder los. Aber sofort nahm auch die *Ri 28* die Schwimmer wieder auf, brachte sie zum dritten Mal vor die *Kronos.* Der Kapitän des Frachters fluchte am Sprechfunk, aber er drehte ab. Die *Kronos* kehrte um, nach einer Dreiviertelstunde gab sie auf vor dieser Kette aus vier Menschen. Und dabei hatte der Frachter noch ein Drittel seiner Ladung im Bauch. Das war für Greenpeace der erste Sieg im Kampf gegen die Dünnsäure.

Zwei Jahre später kam die nächste Aktion. Diesmal war es die *Titan* aus Nordenham, das Schwesterschiff der *Kronos,* auch sie voll mit Dünnsäure. Und wieder wartete vor Helgoland die *Sirius.* Monika Griefahn stand auf der Brücke und rief über Funk die *Titan* an.

SIRIUS: »*Titan,* fahren Sie zurück nach Nordenham! Wir fordern Sie auf, fahren Sie nicht in das Verklappungsgebiet! Mit der Verklappung gefährden Sie Menschenleben! Sie zerstören unsere Umwelt und die Ihrer Kinder!«

TITAN: »Das Schiff hat 'nen Reeder, das erzählen Sie mal dem Reeder und nicht dem Kapitän.«

SIRIUS: »Sie haben die Verantwortung. Sie verklappen! Drehen Sie um! Ihre Firma verklappt täglich 1 200 Tonnen Dünnsäure in die Nordsee. Die Fische bekommen davon Geschwüre und Krankheiten . . .«

TITAN: »Meine Fische sind aber nicht schlecht.«

SIRIUS: »Wenn Sie die Fische kaufen, sind sie bereits aussortiert. Es gibt aber immer weniger gesunde, genießbare Fische. Die Dünnsäure gefährdet auch uns direkt.«

TITAN: »Ich werde dafür bezahlt.«

SIRIUS: »*Titan,* kehren Sie um! Sie tragen die Verantwortung.«

TITAN: »Halt doch dein Maul, du alte Kuh!«

SIRIUS: »*Titan,* wir haben Fernsehteams an Bord, das werden Sie morgen in den Nachrichten hören können, was Sie . . .«

TITAN: »Ich krieg dafür bezahlt.«

SIRIUS: »Sie tragen dafür die Verantwortung, wenn wir, Ihre und unsere Kinder sterben.«

TITAN: »Ist doch lächerlich, halt doch dein Maul, du Xanthippe!«

SIRIUS: »*Titan, Titan,* Sie tragen Verantwortung für Ihr Handeln. Sie können umkehren, fahren Sie zurück.«

TITAN: »Total bescheuert!«

SIRIUS: »Sie als Person tragen Verantwortung . . .«

TITAN: »Total beknackt!«

SIRIUS: »Wir wollen auch Ihr Überleben. Tragen Sie doch auch Ihren Teil dazu bei.«

TITAN: »Die muß ich wohl mal umlegen . . .«

SIRIUS: »Fahren Sie nicht in das Verklappungsgebiet. Verklappen Sie nicht.«

TITAN: »Bist du am Krepieren, oder was?« Jetzt waren die Schlauchboote mit den Schwimmern vor der *Titan* angekommen, trotz Nebel und Seegang.

SIRIUS: »Wir werden gleich Taucher und Schwimmer vor Ihnen aussetzen. Drehen

Sie um, gefährden Sie keine Menschenleben. Was tun Sie jetzt? *Titan,* antworten Sie mir!«

TITAN: »... wenden Sie sich an die Minister. Was machen Sie, wenn ich hier jetzt nicht verschwinde?«

SIRIUS: »Da sind drei Schwimmer vor Ihnen im Wasser; fahren Sie nicht weiter. Sie gefährden Menschenleben!«

TITAN: »Das ist eine verbrecherische Aufforderung von Ihnen, haben wir alle mitgehört, wir sind Zeugen.«

SIRIUS: »Sie handeln verbrecherisch, wenn Sie die Nordsee so verschmutzen ... Stoppen Sie die Maschine. *Titan, Titan,* stoppen Sie die Schraube, gefährden Sie keine Menschenleben! *Titan,* antworten Sie. Was tun Sie jetzt? Fahren Sie zurück nach Nordenham? Wenn Sie mir sagen, daß Sie zurückfahren nach Nordenham, nehmen wir die Leute aus dem Wasser. Antworten Sie!«

TITAN: »Das ist jetzt Nötigung.«

SIRIUS: »Sie nötigen uns, indem Sie die Umwelt verschmutzen, in der wir dann nicht mehr leben können. Tragen Sie die Verantwortung für unser aller Überleben!«

TITAN: »Wo habt ihr diese Sprüche alle gelernt? In der Ostzone?«

Dann meldete sich die *Titan* gar nicht mehr. Die Schwimmer sprangen ins Wasser, und die *Titan* fuhr mit laufender Maschine zwischen ihnen hindurch, mit drehender Schraube. Und dann, dann drehte sie ab nach Nordenham; sie war voll beladen. Sie kam auch nicht zurück. Und nach zwei Tagen war die sechzig Grad heiße Dünnsäure in ihrem Bauch abgekühlt, zu Kristallen geworden, die wie ein dicker Panzer am Schiffsrumpf klebten. Tagelang hatten Werftarbeiter damit zu tun, die Salzkristalle wieder herauszuschlagen. Wieder war es ein Erfolg für die Greenpeacer – und auch ein kleiner Erfolg für die Nordsee; obwohl der endgültige Stopp der Verklappung damit noch lange nicht erreicht war.

Ein Greenpeacer kettet sich ans Verklappungsrohr.

DAS SIEBENTE KAPITEL

*in dem erzählt wird, wie es weitergegangen ist
mit Greenpeace, von viel unscheinbarer Arbeit, von
Abflußrohren und einem lebendigen Vorhang, von
einer Atombombe, einer kleinen Insel in der Südsee und
davon, daß man eine Idee nicht in die Luft sprengen kann*

Bis 1978 hatte es nur in Kanada und in den USA die Greenpeace-Büros gegeben, und die waren zerstritten untereinander. Auf gemeinsame Aktionen konnten sie sich nicht mehr einigen, denn keiner machte es dem anderen recht.

Deshalb stieg David McTaggart mit einigen Greenpeacern in die *Rainbow Warrior* und fuhr nach Europa. In England, Frankreich und Holland eröffnete Greenpeace bald darauf neue Büros. Dazu kamen Dänemark, die Bundesrepublik Deutschland, Belgien, Österreich, Schweden, die Schweiz, Spanien und Argentinien. Australien und Neuseeland gehörten ohnehin dazu. England wurde der Hauptsitz für Greenpeace.

Schluß war es jetzt mit dem Wunderglauben und der Zukunftsdeuterei. Greenpeace sollte ein modern organisiertes Weltunternehmen werden. Aber Anfangsschwierigkeiten gab es trotzdem.

Denn die Menschen kamen zu Greenpeace, weil sie etwas für ihre Umwelt tun wollten, aber doch nicht, um Bleistifte zu spitzen und Kassenbücher zu führen. Sie wollten die Welt retten, aber nicht die Büroeinrichtung, nur weil jemand mal wieder heiße Asche aus dem Ofen in einen Plastiksack gefüllt hatte, der zu brennen anfing. Das war 1981 im deutschen Büro von Greenpeace. Damals stand als Kasse neben der Schreibmaschine noch eine alte Zigarrenkiste.

Es war nicht leicht zu lernen, daß Büroalltag und Verwaltung sein müssen; und es waren gerade die Frauen bei Greenpeace, die das als erste begriffen hatten. Sie standen nicht jedesmal in der vordersten Linie, ihnen pfiffen keine eisernen Harpunen um die Ohren oder tonnenschwere Atommüllfässer. Aber wenn niemand die Spendengelder verbuchte, wenn niemand mit der Presse telefonierte, dann wären solche Aktionen gar nicht erst möglich gewesen. Es war ihre unscheinbare Arbeit, ohne die alles zusammengebrochen wäre.

Inzwischen hat Greenpeace Deutschland ein eigenes Bürohaus in Hamburg, alle technischen Möglichkeiten und mehr als 300 000 Mitglieder. Greenpeace ist gegliedert in Kapitalgesellschaften, geradeso wie die Industriekonzerne, gegen die Greenpeace angeht. Greenpeace hat viel gelernt von seinen Gegnern, es dauerte kaum zehn Jahre.

Und die Aufgaben wuchsen. Bisher hatten alle Aktionen mit dem Wasser zu tun gehabt, aber 1981 ging Greenpeace zum ersten Mal in die Luft – oder, besser gesagt, den Schornstein hoch, den Schornstein der Firma Boehringer in Hamburg.
Jahrzehntelang hatte diese Chemiefirma ihr Gift durch den Schornstein in die Luft geblasen, Tag für Tag und Nacht für Nacht ein paar Kilogramm tödliches Gift. Auf den Weiden neben dem Schornstein starben die Kälber, Fische trieben bauchoben in einem Kanal neben der Fabrik, und das Gemüse auf den Feldern war vergiftet.
Seit eineinhalb Jahren gingen immer neue Schreckensmeldungen durch die Zeitung. Aber die Behörden sahen zu, tatenlos. Das heißt, nicht ganz: Die Chemiefirma durfte zwar weiter ihren Dreck durch den Schornstein pusten, aber die Bauern durften ihr vergiftetes Gemüse nicht mehr verkaufen.
Da wurde es den Leuten von Greenpeace endlich zu bunt. Zwei von ihnen, Peter und Harald, zogen sich Arbeitskittel an, setzten sich Schutzhelme auf und fuhren auf das Werksgelände der Firma. Der Pförtner ließ sie ein.

Sie parkten ihren Wagen dicht bei dem

Mit viel Mühe wird das Spruchband angebracht.

64

Fotomontage von Greenpeace-Aktionen in Deutschland, Dänemark, Österreich und den Niederlanden

dreißig Meter hohen Schornstein. Niemand hielt sie auf. Ganz ruhig stiegen sie an den stählernen Sprossen den Schornstein hinauf. Auf einer Plattform in zehn Metern Höhe zogen sich die beiden um. Gummischutzanzüge hatten sie mit und Gasmasken; und Schuhe mit Stahlsohlen, sie wollten sich ja stundenlang auf Leitersprossen stellen.

Dann stiegen sie weiter, immer weiter den Schornstein hinauf. Als sie oben waren, hakten sie ihre Gurte an der Leiter ein und rollten ein Spruchband auf. Jetzt wurde es unten lebendig. Aus den Büros und Labors kamen Leute gerannt und legten die Köpfe in den Nacken. Manche drohten mit der Faust nach oben, aber niemand kletterte die Leiter hinauf. Und am Werkstor verhandelte Greenpeace mit der Geschäftsleitung. Über Hamburg ging die Sonne unter. Harald und Peter konnten sich wegen der Gasmasken kaum unterhalten. Als es dunkel wurde, versuchten sie zu schlafen, dazu hatten sie Hängematten mitgebracht. Mitten in der Nacht platzte Haralds Hängematte auf. Nicht so schlimm, dachte er, ich bin ja angegurtet. Aber dann kam Peter aufgeregt zu ihm heruntergestiegen – Haralds Sicherheitsgurt war überhaupt nicht mehr eingehakt.

Alle vier, fünf Stunden mußten die Filter in den Gasmasken gewechselt werden. Und auf den Schutzanzügen setzte sich eine dicke, gelbe Schicht ab.

Erst nach sechsundzwanzig Stunden kamen Harald und Peter wieder den Schornstein heruntergeklettert. Die Polizei nahm ihre Personalien auf, dann durften sie gehen.

Großer Jubel am Werkstor, Hunderte standen draußen und klatschten. Aber wer die beiden vor Freude umarmte, der bekam Hautausschlag, denn Harald und Peter hatten noch ihre verschmierten Schutzanzüge an.

Einige Jahre später wurde das Werk stillgelegt. Die Ausrüstung von Harald und Peter aber kam nach Amerika, sie hatte sich bewährt. Damit stiegen Leute von Greenpeace auf einen zweihundertzwanzig Meter hohen Schornstein und blieben sechsunddreißig Stunden oben.

Denn die Schornsteine wachsen in den Himmel. Je höher der Schornstein, desto mehr verteilt sich der Dreck, der oben herauskommt, bis er wieder auf der Erde ist. Und gut verteilt, meinen die Behörden, ist er dann nicht mehr so schädlich.

Jahr für Jahr wird mehr Abfall und Gift in die Flüsse eingeleitet. Ob es der Humber oder die Themse in England ist, die Seine in Frankreich, die Schelde in Belgien, ob es der Rhein oder die Weser ist oder die Elbe,

Der »lebende Vorhang« an der Rheinbrücke bei Leverkusen

die aus der Tschechoslowakei und der DDR schon neun Zehntel ihrer Dreckfracht mitbringt – alle münden in die Nordsee.

Und es ist der reine Galgenhumor, wenn die arbeitslosen Elbfischer sagen: »Unsere Aale, mein Jung, kannst du man nich mehr essen, kannst sie aber an die Wand nageln als Thermometer, Quecksilber is schon genug drin.«

Es gibt keine genauen Unterlagen über die Verschmutzung der Flüsse, denn die Behörden dürfen wegen des Wettbewerbs der Firmen nicht einmal sagen, welche Einleitungen sie überhaupt genehmigt haben.

Deshalb kaufte sich Greenpeace ein neues Schiff, die *Beluga.* Sie hat ein komplettes Labor an Bord, um Wasserproben gleich an Ort und Stelle zu untersuchen. Seit 1986 fährt die *Beluga* die europäischen Flüsse hinauf und nimmt Wasserproben.

Und das ist gar nicht einfach, manchmal ist es sogar sehr schwierig, an die Proben überhaupt heranzukommen. Denn die Abflußrohre mancher Firmen enden tief unten im Wasser.

Die Greenpeacer mußten also tauchen. Man kann aber nicht in einem Fluß tauchen, auf dem Frachter und Schubschiffe ständig flußauf und flußab fahren. Und damit hatten die Firmen wohl gerechnet.

Deshalb setzten die Leute von Greenpeace das ein, was sie immer eingesetzt hatten, um zum Erfolg zu kommen: ihr eigenes Leben. Im Dezember stiefelten fünfzehn

Ein Abflußrohr wird hochgeleitet.

Männer und Frauen auf eine Brücke über den Rhein bei Leverkusen. Jeder machte ein langes Tau am Brückengeländer fest. Dann seilten sie sich ab, einer neben dem anderen, dicht an dicht, herunter von der Brücke über den trüben, muffigen Fluß. Es war ein lebender Vorhang. Der Schiffsverkehr wurde lahmgelegt.

Sofort waren die Taucher im Wasser, suchten und fanden das Einleitungsrohr in der undurchsichtigen Brühe. Sie nahmen Proben und brachten sie hinauf zur *Beluga.* Und so erfuhr die Öffentlichkeit wieder einmal, was dort jeden Tag und jede Stunde in den Rhein geleitet wurde. Und dabei war diese Firma nur eine von vielen.

Manchmal wendeten die Leute von Greenpeace auch schärfere Methoden an: Taucher schweißten mit thermischen Lanzen große Löcher in die Abflußrohre. In diese Löcher kamen Säcke aus Hartgummi, die mit Preßluft aufgeblasen wurden. Das gab jedesmal einen Tumult in den Fabriken, wenn den Firmen der eigene Dreck wieder entgegenkam, weil er in den Rohren zurückstaute. Und während die Maschinen angehalten werden mußten, verhandelte Greenpeace mit der Werksleitung. Und Greenpeace machte die Menschen aufmerksam, die um die Fabriken herum wohnten. Manchmal dauerte es Stunden, bis die behördlich genehmigten Dreckleitungen wieder frei waren.

Immer wieder war es auch die radioaktive Verseuchung, die Greenpeace auf den Plan

Eine Fontäne aus Dreck: An der spanischen Küste wird ein Abwasserrohr blockiert.

rief. Greenpeace besetzte Uranminen, wo das strahlende Erz abgebaut wurde; Greenpeace blockierte Frachter mit abgebrannten Brennstäben aus Atomkraftwerken auf ihrem Weg zu den Wiederaufbereitungsanlagen. Denn dort entsteht Plutonium, der Stoff, aus dem Atombomben gemacht werden. Plutonium verseucht und tötet alles, was in seine Nähe kommt, noch in Tausenden von Jahren. Und es entsteht radioaktiver Abfall, viel radioaktiver Abfall.

In der englischen Wiederaufbereitungsanlage Windscale etwa werden täglich sieben Millionen Liter radioaktiv verseuchtes Wasser in die irische See gepumpt. Als Greenpeace eines der Abflußrohre verstopfte, verurteilte ein Gericht die Umweltschützer zu einer Geldstrafe von 200 000 Mark, streng nach dem Gesetz.

Aber Greenpeace prangerte nicht nur die Atombombentests im Westen an, Greenpeace fuhr auch in die Sowjetunion. Was sonst Wochen und Monate dauern kann, war nach vier Stunden erledigt: alle sechzehn Besatzungsmitglieder der *Sirius* und zehn Journalisten hatten ihr Visum in der Hand, ihre Einreisegenehmigung. Es war Pfingstmontag 1982. Die Fahrt der *Sirius* nach Leningrad konnte beginnen.

Es war ein ganz ungewohntes Bild, als die regenbogenbunte *Sirius* in den grauen Hafen von Leningrad einfuhr. Ein Bus zur Stadtrundfahrt stand schon bereit. Aber die Greenpeacer waren ja nicht zu ihrem Ver-

gnügen gekommen. Sie fotografierten sich gegenseitig mit einem Protestplakat – vor dem Standbild des sowjetischen Staats- und Parteichefs Breschnew. Ihr russischer Betreuer schüttelte nur den Kopf.

Dann kam die erste Konferenz mit der Leningrader Freundschaftsgesellschaft. »Alle Menschen«, sagte einer der Greenpeacer, »werden von der Atombombe bedroht. Und jeder Test dient doch nur dazu, diese schreckliche Waffe noch tödlicher zu machen. Stellen Sie ihre Atombombentests ein. Schließlich geht ein Drittel aller Bombentests auf das Konto der Sowjetunion. Wenn Sie ein Beispiel geben, dann müssen die anderen nachziehen.«

»Warum demonstriert ihr nicht im Westen?« wurde er gefragt.

»Wir haben bei den Franzosen, bei den Engländern und bei den Amerikanern demonstriert. Und immer hat man uns gesagt: Demonstriert doch im Osten. Und jetzt sind wir hier.«

Nach dem Essen, es gab Schweinebraten mit Bratkartoffeln und Kohl, zerstreuten sich die Leute von Greenpeace. Jeder hatte ein Hemd an, auf dem stand in russischer Schrift: »Stoppt die Atomtests.« Sie verteilten Flugblätter, auf denen das gleiche stand. Als sie endlich wieder im Bus saßen, warfen sie ihre Flugblätter zum Fenster hinaus. Der russische Betreuer schlug vor Verzweiflung die Hände über dem Kopf zusammen.

Zurück auf der *Sirius,* zeigten die Leute

Grüne Luftballons läßt die Sirius über Leningrad aus.

von Greenpeace den sowjetischen Vertretern einen Film über die Ausrottung der Wale. Da kam plötzlich ein Lotse an Bord; er wies die *Sirius* an, den Hafen von Leningrad zu verlassen.

Darauf war die *Sirius* vorbereitet gewesen. Sofort machten die Greenpeacer alle Luken und Türen des Schiffes auf. Heraus strömten Luftballons, 2 000 grüne Luftballons; sie erhoben sich in einer großen Wolke über den Hafen und trieben langsam ab. An jedem Ballon hing eine Karte mit der Aufforderung, die Atombombentests einzustellen, natürlich in russischer Sprache.

Jetzt wurde es den Sowjets aber endgültig zuviel. Zwei Schlepper nahmen die *Sirius* in die Mitte und beförderten sie wieder aus dem Hafen.

Es ist sicher nicht der alleinige Erfolg von Greenpeace, aber die Sowjetunion beendete 1985 ihre Atombombentests – für zwei Jahre.

Im Jahr 1985 fuhr das Greenpeace-Schiff *Rainbow Warrior* in den Pazifischen Ozean, in die Südsee. Denn die Insulaner von Rongelap hatten Greenpeace um Hilfe gebeten. Was war geschehen?

Dreißig Jahre vorher hatten die Amerikaner über dem Bikiniatoll die Wasserstoffbombe *Bravo* gezündet. Wenige Stunden später regnete es auf der Insel Rongelap, es regnete ein gelbliches Pulver. Überall setzte sich dieses Pulver fest, auf den Bäumen, auf den Hütten, auf den Wassertanks und auf der Haut; die Kinder spielten damit. Niemand wußte, daß es radioaktive Asche war. Schon nach ein paar Stunden juckte und blutete die Haut der Menschen von Rongelap, sie erbrachen sich und bekamen Durchfall. Sie hatten die Strahlenkrankheit, und ihre Insel war verseucht.

Fünf Tage nach der Explosion kam ein amerikanisches Kriegsschiff und brachte alle Menschen von Rongelap auf zwei andere Inseln. Niemand durfte etwas mitnehmen, keinen Kochtopf, kein Bett, gar nichts. Und drei Jahre später holte das Schiff sie wieder zurück auf ihre verseuchte Insel; niemand wußte warum.

Bald kamen amerikanische Wissenschaftler nach Rongelap, untersuchten die Menschen, nahmen Blutproben und brachten Konserven voller Lebensmittel mit. Die sollten die Menschen von Rongelap jetzt essen, denn die Kokosnüsse auf den Bäumen und die Früchte auf den Feldern waren ja verseucht. Wer von den Menschen auf Rongelap an Krebs erkrankte, der wurde in Amerika kostenlos operiert. Aber die Frauen brachten jetzt viele tote oder verunstaltete Kinder zur Welt, und dagegen waren die Wissenschaftler machtlos.

Fünfundzwanzig Jahre ging das so, dann endlich wollten die Menschen von Rongelap ein neues Stück Land von Amerika. Und als nach fünf weiteren Jahren noch immer nichts geschehen war, baten die Menschen von Rongelap Greenpeace um Hilfe.

Die Bewohner von Rongelap werden evakuiert.

Und so fuhr die *Rainbow Warrior* in die Südsee zur Insel Rongelap. Mit Liedern und Blumenketten und Kokosmilch wurde die Besatzung des Schiffes auf der Insel begrüßt. Es war verseuchte Kokosmilch, denn etwas anderes hatten die Menschen auf Rongelap nicht; aber die Leute von Greenpeace haben sie trotzdem getrunken.

Und dann stiegen die Männer, die Frauen und Kinder mit allem, was sie hatten, in die *Rainbow Warrior* und fuhren zu ihrer neuen Insel. Sogar ihre Hütten nahmen sie mit, denn auf der neuen Insel gab es nichts, um damit Häuser zu bauen.

Nur die alten Männer und Frauen wollten Rongelap nicht verlassen. Sie bestiegen erst das Schiff, als man ihnen immer wieder versprach, sie würden in der Heimat begraben werden, auf ihrer Insel Rongelap.

Dann nahm die *Rainbow Warrior* wieder Kurs zum Südpazifik, wo Frankreich immer noch eine Atombombe nach der anderen zündete. Das Schiff machte Zwischenstation in Neuseeland, um dann zur Inselgruppe Mururoa weiterzufahren. Aber die *Rainbow Warrior* sollte den Hafen von Auckland nicht mehr verlassen.
Denn inzwischen hatten sich der französische Verteidigungsminister und der Geheimdienst eingeschaltet: Drei Kampfschwimmer wurden auf die *Rainbow Warrior* angesetzt.
Am 10. Juli 1985 feierte man Geburtstag auf der *Rainbow Warrior,* siebenundzwanzig Frauen und Männer waren an Bord. Um fünf Minuten vor zwölf ging ein schwerer Schlag durch das Schiff. Dann Stille, Dunkelheit. Das Notstromaggregat sprang an. Noch ein Schlag, schwerer als der erste. Zwei Ladungen sprengten mannsgroße Löcher unter der Wasserlinie in den Schiffsrumpf. Die *Rainbow Warrior* versank in nicht einmal zwei Minuten.

Der portugiesische Fotograf Fernando Pereira stürzte in seine Kabine, um Filme und Fotoausrüstung zu retten. Am nächsten Morgen zogen ihn Polizeitaucher aus dem Schiff am Grund des Hafenbeckens. Er war ertrunken. Alle anderen kamen mit dem Leben davon.
Die drei Attentäter wurden von der französischen Polizei freigelassen, obwohl Neuseeland beantragt hatte, sie auszuliefern. Der Chef des französischen Geheimdienstes Lacoste wurde entlassen, Verteidigungsminister Hernu trat selbst zurück.
Der französische Premierminister Fabius gab vor der Presse die Machenschaften seines Geheimdienstes zu. »Die Wahrheit«, meinte er, »ist grausam.« Ob er wirklich die Wahrheit meinte?

Währenddessen hatte das jüngste Greenpeace-Schiff sich durch den Panamakanal nach Mururoa aufgemacht.
Bald darauf meldete die *Greenpeace,* sie werde von einem Kriegsschiff verfolgt, einem Kriegsschiff unbekannter Herkunft.
»Gewalt kann uns nicht aufhalten«, sagte der Vorsitzende von Greenpeace, David McTaggart.

DAS LETZTE KAPITEL

*in dem von einem Paradies in Schnee und Eis
erzählt wird, von Gold und Silber und furchtbar viel
Wasser, von einer hundertstel Sekunde und wie lang
sie sein kann und von den Leuten,
die Regenbogenkämpfer genannt werden*

Achtzig Grad Celsius sind keine Seltenheit in diesem Erdteil, und fünfzig Grad sind normal, fünfzig Grad unter Null. Staubtrocken ist die Luft bei dieser Kälte. Und nicht selten jagen elf Monate im Jahr eisige Böen übers Eis. Denn Eis überkrustet fast den ganzen Erdteil, kilometerdickes Eis. Eisschollen, so groß wie ganze Länder, brechen immer wieder von ihm ab und schwimmen ins Meer.

Es ist die Antarktis, der südlichste Kontinent der Erde, der Südpol liegt in seiner Mitte. Viele Tiere überleben hier trotz der Kälte, Pinguine vor allem, auch Robben, See-Elefanten und Wale. Sie alle fressen fingerlange, rote Krebse, den Krill, der zu Millionen und Milliarden im Wasser schwimmt. Manchmal färbt das Meer sich rot, wenn die Krebse dicht an dicht heraufkommen.

Im vorigen Jahrhundert schlugen Robbenjäger in der Antarktis so lange die Robben tot, bis sie keine mehr fanden. In unserem Jahrhundert wurden riesige Walfangflotten hierhergeschickt, um Hunderttausende von Walen abzuschlachten. Zuerst hat die Antarktis niemandem gehört. Doch dann wollten sich viele Staaten von dem weißen Erdteil ein Stück sichern. Wie aus einer Torte schnitten sie sich hier oder da ihr Stück von der Antarktis ab. Plötzlich war der Erdteil aufgeteilt unter den Menschen.

Nun wurde die Antarktis auch erforscht;

unter der ungeheuren Eisschicht fanden sich riesige Bodenschätze: Eisen und Kohle, Kupfer und Silber, ja sogar Gold und Platin. Heute leben dreitausend Wissenschaftler in der Antarktis; viele von ihnen forschen nach Bodenschätzen, auch nach Erdöl suchen sie. Und viele Staaten warten schon darauf, sich diese Bodenschätze aneignen zu können. Noch gibt es zum Glück einen Antarktisvertrag. Er besagt, daß dieser Erdteil nur für friedliche Zwecke genutzt werden darf: Kernexplosionen sind verboten, Atommüll darf nicht gelagert werden. Aber der Antarktisvertrag endet im Jahr 1991.

Am Dreikönigstag des Jahres 1987 brach das Schiff *Greenpeace* in die Antarktis auf. Zehn Tage später packte die Besatzung auf Ross Island ihre Ausrüstung auf das Eis. Greenpeace errichtete dort die erste Forschungsstation in der Antarktis, die nur dem Schutz der Umwelt dienen soll, dem Schutz vor Gewinnsucht und Machtgier. Zusammen mit anderen Organisationen forderte Greenpeace den »Weltpark Antarktis«, ein riesengroßes Naturschutzgebiet, so groß wie Amerika und Europa zusammen. Greenpeace forderte den Schutz des letzten unberührten Kontinents dieser Erde.

Aber ist die Antarktis denn noch unberührt? Die Gifte unserer sogenannten zivilisierten Welt sind dort längst angekommen. Was wird erst geschehen, wenn in der Antarktis nach Öl gebohrt, nach Erz gegraben wird? Wenn feiner Staub sich auf die blendendweiße Eiskruste legt, wenn diese Eiskruste das Sonnenlicht dann nicht mehr zurückwirft, sondern in der Sonnenwärme zu schmelzen beginnt? Dann werden die Ozeane anschwellen, die Dämme werden brechen und viele Städte, ganze Länder wer-

Greenpeace fordert den Schutz des weißen Kontinents.

den unter einer Wasserwüste begraben. Auch deshalb fordert Greenpeace von den sechzehn Nationen des Antarktisvertrages, den weißen Kontinent unter Schutz zu stellen.

Vor viereinhalb Milliarden Jahren ist unsere Erde entstanden. 4 600 000 000 Jahre,

das ist ein so gigantisch langer Zeitraum, daß man ihn nur durch einen Vergleich sich ein bißchen vorstellen kann.
Angenommen, die Erde wäre genau einen Tag alt, also vierundzwanzig Stunden: Dann gibt es seit zwei Stunden die ersten Pflanzen, seit einer Viertelstunde die Saurier und seit zehn Minuten die ersten Säu-

getiere. Wir Menschen leben seit fünf Sekunden, seit einer Sekunde bebauen wir den Acker. Und seit einer hundertstel Sekunde gibt es Fabriken.

Und in dieser einen hundertstel Sekunde ist es dem Menschen gelungen, die Erde auszubeuten, zu verdrecken, zu vergiften und zu verseuchen. In dieser hundertstel Sekunde geht der Mensch um mit dieser Erde, als hätte er noch eine zweite in der Jackentasche.

Die allererste Aktion von Greenpeace war gerade zu Ende gegangen – die Fahrt zur Bombe *Cannikin* auf Amchitka –, und die *Greenpeace* kehrte heim nach Vancouver. Da wurde die Besatzung von einem Indianerstamm eingeladen zu einer feierlichen Zeremonie im Stammeshaus. Denn es gibt eine uralte Prophezeiung der Cree-Indianer, in der es heißt:

*Es kommt eine Zeit,
da fallen die Vögel von den Bäumen,
die Flüsse sind vergiftet,
und die Wölfe sterben in den Wäldern.
Dann aber werden
die Regenbogenkämpfer kommen,
um die Welt zu retten.*

Vor seinem ganzen Stamm rief damals der Medizinmann die Leute von Greenpeace zu diesen Rainbow Warriors aus, zu diesen Regenbogenkämpfern.

„Erst wenn
der letzte Baum gerodet,
der letzte Fluß vergiftet,
der letzte Fisch gefangen,
werdet Ihr feststellen,
daß man Geld
nicht essen kann!"

GREENPEACE

Zeittafel

1945 Die USA zünden in Neumexiko ihre erste Atombombe, genannt *Trinity* – Dreifaltigkeit. Einen Monat später legen die Atombomben *Little Boy* und *Fat Man* die japanischen Städte Hiroshima und Nagasaki in Schutt und Asche. Das Atomzeitalter hat begonnen.

1954 Die USA zünden die Wasserstoffbombe *Bravo*. Bei diesem Test wird die Südseeinsel Rongelap verseucht, die Menschen müssen evakuiert werden.

1969 In Vancouver, Kanada, gründet sich die Gruppe Greenpeace aus Umweltschützern und Atomkraftgegnern.

1971 Die Greenpeace-Schiffe *Phyllis Cormack* und *Edgewater Fortune* fahren nach Alaska, um die Atombombe *Cannikin* zu stoppen. Auf dem Rückweg werden die Männer von einem indianischen Medizinmann zu den Regenbogenkämpfern ernannt.

1972 Die *Vega* fährt zur Südseeinsel Mururoa, um die französischen Atombombenversuche zu stoppen. Die *Vega* wird schwer beschädigt. Die Londoner Konvention wird beschlossen, die den Mißbrauch der Meere als Müllkippe verhindern soll.

1973 Wieder fährt die *Vega* nach Mururoa, um französische Atombombentests zu stoppen. Das Schiff wird von der französischen Marine überfallen, beschlagnahmt und die Besatzung verprügelt.

1975 Greenpeace beginnt mit der Aktion »Rettet die Wale«. Die *Phyllis Cormack* jagt einer russischen Walfangflotte acht Pottwale ab. Jedes Jahr folgen Aktionen.

1976 Greenpeace beginnt mit der Aktion »Laßt die Robben leben«. Im Eis nördlich von Neufundland behindern Greenpeacer norwegische Robbenschläger und blockieren ein Fangschiff. Jedes Jahr folgen Aktionen.

1978 Die Schlauchboote der *Rainbow Warrior* behindern den englischen Atommüllfrachter *Gem*.
Australien schließt seine letzte Walfangstation.

1980 Die spanische Marine überfällt die *Rainbow Warrior* bei ihrem Protest gegen spanische Walfänger. Das Schiff wird widerrechtlich im Hafen von El Ferrol festgesetzt, kann aber von Greenpeace befreit werden.

1981 Im Washingtoner Artenschutzabkommen wird ein Handelsverbot für Pottwale und Finnwale beschlossen. Die USA wollen ihre erste Neutronenbombe bauen.
Zwei Greenpeacer besetzen den Schornstein der Firma Boehringer bei Hamburg. 1984 wird das Werk geschlossen.
Die *Sirius* behindert die *Kronos* bei der Verklappung von Dünnsäure in der Nordsee.

1982 Kein Atommüllfaß wird mehr in den Meeren versenkt.
Greenpeace verhindert erste Verbrennungstests eines Giftmüll-Verbrennungsschiffes im Golf von Mexiko.
Greenpeace blockiert einen schwedischen Frachter mit abgebrannten Brennelementen aus Atomkraftwerken.
Die *Sirius* fährt in die Sowjetunion und demonstriert in Leningrad gegen sowjetische Atombombenversuche.

1983 Greenpeace besetzt mit anderen Atomkraftgegnern australische Uranminen.
Greenpeacer finden in Sibirien eine Nerzfarm, in der Grauwale verfüttert werden.
Die *Sirius* hindert die *Titan* an der Verklappung von Dünnsäure in der Nordsee.

1984 In die Europäische Gemeinschaft dürfen keine Meeresschildkröten oder Produkte aus ihnen eingeführt werden; das gleiche gilt für Robbenfelle.

In acht europäischen Ländern besetzen Greenpeacer die Schornsteine von Kraftwerken aus Protest gegen den sauren Regen.

In Duisburg blockiert Greenpeace die Verladung von Dünnsäure in ein Verklappungsschiff.

1985 Die *Rainbow Warrior* bringt die Bewohner von der radioaktiv verseuchten Insel Rongelap auf eine Nachbarinsel.

Agenten des französischen Geheimdienstes versenken im Hafen von Auckland in Neuseeland die *Rainbow Warrior.*

Die *Vega* segelt zum dritten Mal nach Mururoa und wird beschlagnahmt. Kurz danach explodiert die Atombombe.

Das Walfangverbot der Internationalen Walfangkommission IWC tritt in Kraft.

1986 Im russischen Kernkraftwerk Tschernobyl kommt es zum schwersten bekannten Unfall. Die *Beluga* beginnt ihre »Kloaken-Tour« durch die europäischen Flüsse.

Greenpeacer behindern die Rodung von Lawinenschutzwald in der Schweiz.

Greenpeacer verschließen ein Abflußrohr im Fluß Niagara und spannen aus Protest ein Spruchband quer über die Niagarafälle.

Das Greenpeaceschiff *Moby Dick* behindert norwegische Walfänger.

Die Schweizer Chemiefirma Sandoz brennt, mehrere Störfälle bei anderen Firmen werden bekannt. Die Behörden schließen am Rhein die Trinkwasserbrunnen.

1987 Greenpeace errichtet ein Forschungslabor in der Antarktis.

Greenpeace öffnet im Hamburger Hafen sieben Container mit Walfleisch aus Island.

1988 Tausende von Robben sterben in der Nordsee.

Burghard Bartos

ABENTEUER LAMBARENE

Albert Schweitzer

Alle Stationen im faszinierenden Leben Albert
Schweitzers werden durch den spannenden Text
und durch viele Fotos und Illustrationen lebendig:
seine Kindheit und Jugend im Elsaß, der Aufbau
des Urwaldkrankenhauses Lambarene, sein Kampf
gegen das Elend und sein Einsatz für
Menschlichkeit und Nächstenliebe.

Ueberreuter